KB125821

문명을 품은 인류의 공간

문명을 품은 인류의 공간

민유기 지음

City is the Home of Civilization

도시 _____ 문명의 시작 그리고 지속가능성

문명을 품은 인류의 공간

1쇄 발행 2024년 3월 22일

지은이 민유기
펴낸이 조일동
펴낸곳 드레북스

출판등록 제2023-000148호
주소 경기도 파주시 탄현면 헤이리마을길 93-144, 2층 1호
전화 031-944-0554
팩스 031-944-0552
이메일 drebooks@naver.com

인쇄 프린탑
배본 최강물류

ISBN 979-11-93946-00-8 03900

● 이 책은 저작권법에 따라 보호받는 저작물이므로 무단 전재와 무단 복제를 금지하며,
  이 책의 전부 또는 일부를 이용하려면 저작권자와 드레북스의 동의를 받아야 합니다.
● 책값은 뒤표지에 있습니다.
● 잘못된 책은 구입하신 서점에서 바꿔 드립니다.

인격적으로 점잖은 무게 '드레'
드레북스는 가치를 존중하고 책의 품격을 생각합니다

들어가는 글

이 책은 사람들이 함께 이루어낸 문명의 결정체 도시의 역사를 조망한다. 수렵 채집을 하던 인류는 신석기시대 농업혁명으로 정주하고 경작하며 기원전 4천 년대 메소포타미아 도시들에서 문명을 탄생시켰다. 서양 언어에서 문화는 '경작하다'에서 유래하지만, 문명은 '도시'에서 유래했다. 21세기 초는 문명 전환기다. 지구 차원의 '행성적 도시화' 혹은 글로벌 도시화로 2007년 5월 23일 이후 지구촌 인구 절반 이상이 도시에 거주하게 되었기 때문이다. 이에 따라 지금까지 문명을 성찰적으로 되돌아보고 미래 방향성을 전망해볼 필요가 있다. 이런 성찰과 전망은 기후 위기, 공중 보건 위기, 빈부격차 심화, 지역적 분쟁 등 인류의 여러 난제를 풀어갈 방안을 제시해줄 수도 있을 것이다. 고대부터 현대까지 도시 문명은 세계 각지에서 성쇠를 되풀이했는데, 위기가 생기면 다양한 혁신으로 이를 극복하고 문명의 지속 성장을 가능하게 했다.

이 책에서는 기원전 40세기에서 서기 21세기까지 6천 년의 도시 문명사를 고대도시, 전근대 도시, 근대세계체제와 도시, 산업화와 도시화, 현대 도시 등 다섯 장으로 구분해 고찰한다.

도시의 기원, 인류 4대 문명, 고대 지중해 도시국가, 로마제국의 도시를 다룬 1장에 이어 2장은 서양의 중세에 해당하는 6세기에서 15세기를 검토하는데, 동서양의 역사 시대 구분이나 시대 특성이 다르기에 전근대 시기라는 표현을 사용한다. 서로마 몰락 이후 도시 문명을 지탱한 것은 이슬람 세계였으며, 동아시아의 도시 문화도 풍성했다. 서양은 11세기 무렵부터 중세 도시 자치운동을 통해 다시 도시를 성장시켰고 르네상스를 가능하게 했다.

3장에서는 상대적으로 뒤늦게 성장한 유럽이 대항해로 근대세계체제를 구축해 아메리카, 아시아, 아프리카의 도시화를 자극한 것을 중점적으로 살펴보며, 이 체제와 간접적으로 연결된 동아시아 삼국의 도시 문화 성장도 검토한다. 4장은 산업혁명 이후 산업화와 도시화의 동반성장이 낳은 성과와 한계를 분석하는데, 자유주의, 사회주의, 보수적 개혁파와 혁명 세력이 도시 사회 갈등을 해소하기 위해 어떤 노력을 했는지 살펴본다. 19세기 공중보건의 확대, 제국주의 식민도시, 동아시아의 서양 도시 문화 수용도 다룬다.

마지막 5장은 현대 도시 문명의 위기와 기회를 살펴본다. 20세기 후반기 서양 도시와 동아시아 도시의 성장, 제3세계의 과잉 도시화, 다양한 도시 혁신, 도시 문명의 지속가능성을 검토한다.

도시는 인류 문명을 탄생시키고 발전시켰기에 도시의 역사를 고찰하는 일은 문명의 어제와 오늘 그리고 내일을 이해하게 해줄 것이다. 도시는 함께 모여 살게 된 사람들이 더 나은 삶을 살도록 정치, 경제, 사회, 문화 제 영역에서 이전 세대들로부터 전해진 전통을 계승하면서도 끊임없는 혁신을 추구했다. 재난과 재해, 전쟁으로 파괴되더라도 재건되거나 신도시를 만들어내며 도시 문명을 유지하고 발전시켜 왔다. 사람이 만든 도시가 역사 속에서 수행한 다양한 기능과 역할은 결국 사람들의 의지와 기대를 투영한다. 사람들이 만든 최고의 걸작품인 도시의 역사를 읽다 보면 어느새 사람에 대한 이해가 깊어짐을 느낄 수 있을 것이다.

차례

문명의 탄생과 고대도시

도시의
기원

약 400만 년 전에 아프리카에서 출현해 두 발 걷기와 나무 오르기를 같이 하던 '남방원숭'이라는 뜻의 오스트랄로피테쿠스는 인류의 원형으로 여겨진다. 약 250만 년 전에는 생물학적으로 동물계 척삭동물문 포유강 영장목 사람과 사람족 사람속으로 구분되는 이들이 아프리카에서 등장했다. 일반화한 직립보행 덕에 자유로워진 손으로 도구를 만들어 사용했기에 '손쓴 사람' 혹은 '도구사용 사람'을 뜻하는 호모 하빌리스로 불린다. 기초적인 도구로 원초적 문화생활이 이루어진 구석기시대를 연 이들이다. 약 200만 년 전에 출현한 '곧선사람'을 의미하는 호모 에렉투스는 자바 원인과 베이징 원인 화석이 보여주듯 아프리카를 벗어나 유라시아 곳곳으로 이주했고 불을 다룬 흔적을 남겼다.

현생인류의 직접적인 기원으로 알려진 호모 사피엔스는 '슬기 사람'이라는 뜻으로 약 30만 년 전에 아프리카에서 출현에 세계 곳곳으로 이주했다. 다양하고 정교한 도구를 사용했고 큰 두뇌가 복잡한 사고와 언어 사용을 지원했다. 이들은 상징적인 표현과 추상적 사유의 증거인 동굴 벽화나 장식품을 남겼고 사회조직을 갖춰 공동 사냥과 채집을 했다. 호모 사피엔스는 공존했던 네안데르탈인과 데니소바인이 멸종한 이후에도 계속 진화했고, 초기 호모 사피엔스와 구분해 인류를 호모 사피엔스 사피엔스로 지칭하기도 한다.

기원전 1만 년경 마지막 빙하기가 끝나면서 기후가 따뜻해지자 사람이 살기 적합한 지역이 많아졌고 다양한 동식물이 번성해 농경으로 식량 확보가 가능해졌다. 이에 경작을 위한 영속적 정착촌이 형성되어 밀, 보리, 쌀, 옥수수와 같은 주요 작물이 재배되고 염소, 양, 돼지, 소와 같은 동물이 가축화되었다. 간석기 등 도구 기술이 발전하고 보관용 질그릇이 사용되는 신석기시대의 도래는 농업혁명을 동반했다. 소규모 집단으로 수렵 채집을 해오던 사람들은 이제 한곳에 모여 살며 농사를 짓는 것이 먹거리 문제의 안정적인 해결책임을 깨달

앗다. 농업 생산이 증가하면서 더 많은 사람이 정주지로 모여들었고, 잉여 식량은 노동 분업, 사회 계층화, 교역 발전을 가능하게 했으며 원시 도시를 탄생시켰다.

원시 도시는 신석기시대 초기와 중기에 생겨났는데, 이전과 달리 정착지로서 상대적인 규모가 크고 인구밀도가 높거나 인공 건조물의 흔적을 남겼다. 그러나 신석기시대 말기에 해당하는 기원전 4천 년경 메소포타미아에서 등장하는 도시들과는 구조물 및 인구 규모와 밀도에서 확연히 구분되며, 도시의 특성인 사회 계층화 흔적도 쉽게 발견되지 않는다.

널리 알려진 원시 도시로는 기원전 1만 년 이전의 정착지 흔적을 지닌 요르단강 서안의 예리코가 있다. 이곳에는 기원전 8천 년경에 2~3헥타르의 면적을 둘러쌓은 성벽과 밀집된 정주지 및 기념비적 탑이 조성되었다. 튀르키예 아나톨리아 지역의 차탈회위크는 기원전 7500년경 조성된 원시 도시 혹은 상당한 규모의 마을공동체다. 수렵 채집과 원시적인 도구 생산 및 교환을 하던 인구가 밀집한 후 점차 농업 집약화를 통해 성장한 것으로 분석된다. 이곳 유적지에서는 흑요석을 갈아 만든 거울이나 종교적 의미를 지닌 것으로 보이는 황소 머리 장식 같은 문화유산이 발견되었다.

동유럽의 몰도바, 우크라이나, 루마니아 지역의 쿠쿠테니-트리필랴 문화는 기원전 4500년경에 나타났으며, 원시 도시로 분류되는 대규모 정착촌을 갖추었다. 신석기시대의 원시 도시들은 환경 재해나 전쟁 등의 요인으로 지속하지 못했으나 쇠퇴했던 예리코는 청동기시대 후기에 재건되었다.

신석기시대 농업혁명으로 도시 생활의 기초적인 요소가 마련되었다면, 청동기시대에는 도시 문명이 지속해 성장했다. 도시 문명은 신석기시대 말기부터 청동기시대에 걸쳐 등장했다. 청동기시대는 구리와 주석의 합금인 청동이 발명되고 널리 사용되며 도구, 무기, 무역이 개선된 시대로, 지역에 따라 기원전 33세기에서 기원전 21세기 사이에 시작되었다. 이 시기에 등장한 최초의 도시들은 중앙집권적 행정, 복잡한 사회 계층구조, 기념비적 건축물, 문자 체계 발달 등 도시 문명으로 규정할 수 있는 공통적인 특성을 지녔다.

호주의 고고학자이자 역사가 고든 차일드는 1950년에 '도시 혁명'이라는 개념으로 선사시대 도시화를 설명했다. 그는 도시화에 수반된 사회, 경제, 기술 측면의 근본적인 변화를 강조하면서 도시 혁명의 10가지 주요 특징을 제시했다. 첫째, 정주지 규모의 증가로 주변의 다른 마을보다 훨씬 더 많은 인구가 밀집한 최초의 도시들이 등장했다. 둘째, 전업 전문 직업의 등장으로 장인, 상인, 운송 노동자, 사제, 행정가 등 식량 생산 외에 전문화와 분업이 발달하며 도시민의 구성과 기능이 농경 마을과 달라졌다. 셋째, 농업 인구가 잉여의 일부를 신이나 신성한 통치자에게 공물이나 세금으로 제공해 도시 중심지로 경제적 자원과 부가 집중되었다. 넷째, 잉여의 집중과 이에 대한 관리와 통제를 상징한 사원, 궁전, 성벽 등 기념비적 건축물이 도시를 마을과 구별했다. 다섯째, 사회적 계층화로 사제, 군사 지도자, 관리들은 집중된 잉여를 차지하고 지배계급을 형성했다. 여섯째, 기록 보존과 관리, 지식과 문화의 전달을 위한 문자 체계의 발명이나 채택이 이루어졌다. 일곱째, 수학, 기하학, 천문학, 공학과 같은 정확하고 예측 가능한 과학 지식이 발전해 농업과 건설에 활용되었다. 여덟째, 종교적·정치적인 목적에 부응하는 규범적·추상적 예술이 등장했다. 아홉째, 현지에서 구할 수 없는 자원 수요가 촉진한 먼 지역과의 정기적 무역이 확대되었다. 열째, 혈연적 종족이 아니라 거주지를 기반으로 하는 국가조직이 등장해 법을 집행하고, 세금을 징수하고, 도시를 방어할 수 있는 중앙집권적 정부 형태를 갖추었다.

메소포타미아 문명, 이집트 문명과 고대도시

신석기시대 농업혁명이 가장 앞섰던 지역이자 기원전 4천 년경 최초의 도시 문명이 등장한 곳은, 그리스어로 '두 개의 강 사이 도시'라는 의미를 지닌 메소포타미아다. 튀르키예 고원에서 발원해 이라크를 관통해 페르시아만으로 흐르는 서쪽의 유프라테스강과 동쪽의 티그리스강 주변 초승달 모양의 충적평야 지대이기에 '비옥한 초승달 지대' 또는 '문명의 요람'으로 불리기도 한다.

메소포타미아 문명은 지리적으로 남부와 북부로 구분되는데, 수메르로 지칭된 남부가 시기적으로 앞섰다. 수메르인은 홍수 예방과 충분한 농업용수 확보를 위해 운하, 제방, 저수지로 이루어진 복잡한 시설물로 강물을 관리하며 보리, 밀,

대추야자, 각종 과일과 채소 등을 재배했다. 수자원 통제와 농업 잉여 창출 능력은 소규모 경작 마을공동체가 복잡한 도시 사회로 전환되는 핵심 요소였다. 농업생산성 향상은 인구 증가로 이어졌고, 목재, 금속, 석재 등 수메르에 부족했던 자원과 교환을 촉진하며 도시 형성을 뒷받침했다. 물 분배와 노동 조직, 토지와 잉여 관리 감독을 위한 중앙집권적 통치 질서는 도시를 안정적으로 발전시켰다. 농작물 수확량, 재산권, 행정 거래를 기록하는 데 사용된 설형문자 또는 쐐기문자의 개발은 수메르 문명의 성장을 도왔다.

인류의 가장 초기 위대한 문학작품 중 하나인 〈길가메시 서사시〉는 우루크의 통치자로 알려진 영웅 왕 길가메시에 관한 수메르의 전설을 이야기한다. 이 서사시는 도시 우루크를 인상적인 성벽과 화려한 정원, 아름다운 에안나 사원이 있는 웅장한 요새 도시로 묘사했다. 기원전 4천 년대와 3천 년대에 번성한 우루크에는 기념비적 건축물로 거대한 계단식 신전 구조물인 지구라트가 존재했다. 도시는 중심부의 종교 복합 단지, 그 주변의 주거와 공예 구역으로 구분되었는데, 전성기에 약 5만 명이 거주했을 것으로 추산된다. 수메르 도시들은 독립적이었지만 언어, 종교적 믿음, 문화적 관습을 공유했고 시간이 지남에 따라 우르크, 우르 같은 일부 도시가 지역을 지배했다.

우르는 기원전 29세기에서 기원전 23세기까지 상업, 정치, 종교의 중요한 중심지로 번창했다. 달의 신 난나에게 헌정된 지구라트와 대규모 왕릉 유적지가 남아 있다. 수메르 신화에서 운명을 관장하고 왕권을 승인하는 신 엔릴을 숭배하는 신전 도시 니푸르에서 발굴된 우르남무 법전은 기원전 21세기에서 기원전 20세기 사이에 우르크를 정복한 우르남무 왕의 이름을 딴 것으로 세계 최초의 성문법으로 평가된다.

우르가 쇠퇴한 이후 메소포타미아 남부 수메르와 중부 아카이드 지역은 기원전 18세기에 함무라비 왕이 통치하는 고대 바빌로니아왕국에 속했다. 중심도시 바빌론은 인상적인 성벽과 건축물로 유명했고 광범위한 무역 네트워크, 천문학, 수학, 문학 분야에서 중요한 업적을 남긴 정치, 경제, 문화 중심지였다. 고대 바빌로니아는 기원전 16세기에 북쪽에서 성장한 히타이트에 멸망했고 이후 메소포타미아 북부에서 세력이 커진 아시리아의 지배를 받다가 이를 극복하고 기원전 7세기에 신바빌로니아를 수립했다. 2대 왕 네부카드네자르 2세가 통치하던 시기에 바빌론 옥상정원과 현재 베를린 페르가몬 박물관에 있는 바빌론 성문 혹은 이슈타르 문을 건립하며 번성했으나 기원전 6세기 페르시아제국에 멸망했다.

메소포타미아 북부는 처음에는 남부 도시 국가들로부터 영향을 받았으나 기원전 24세기에서 기원전 22세기에 아카드를 근거지로 한 아카드제국과 기원전 21세기에 아수르에서 탄생한 아시리아제국을 거치며 수메르와 구분되는 독자적인 정체성을 발전시켰다. 아시리아 북쪽 아나톨리아에서는 기원전 17세기에 하투샤를 수도로 하는 히타이트제국이 생겨나 기원전 12세기까지 유지되었다. 이들 제국은 군사력과 광대한 영토를 통제할 수 있는 정치적 역량으로 중앙집권적 통치 체계를 확립했다.

메소포타미아 북부에서는 관개와 강우 농업의 이점을 함께 누릴 수 있었고 목재와 금속 같은 자원이 많았기에 경제활동과 무역 네트워크가 남부보다 더 발전했다. 기원전 10세기에서 기원전 7세기까지 신아시리아제국의 수도였던 니네베는 웅장한 궁전과 신전 및 도서관으로 유명했으며, 현대 이라크에서 바그다드에 이어 두 번째 대도시인 모술의 기원이다.

메소포타미아 남부는 문자의 창안, 바퀴의 개발, 수학과 천문학의 탄생, 태음력과 1시간을 60분으로 하고 1분을 60초로 하는 60진법 사용, 최초의 도시 중심지 건설 등 기술혁신 면에서, 북부는 제국 건설, 군사 조직, 복잡한 행정체계 형성에서 더 두드러졌으나 공통점이 많았다. 숭배 장소로 기능한 거대한 종교 복합단지인 지구라트 같은 기념비적 건축물, 지배계급, 사제, 상인, 장인, 농민과 노예로 구성된 계층적 사회구조, 농업과 공예품 생산, 지역 및 원거리 교역, 법률 체계와 학문 활동이 그것이다.

기원전 31세기 무렵 이집트에서는 초기 왕조 시대와 함께 나일 문명이 등장했다. 나일강 하류와 상류의 하이집트와 상이집트를 통합한 최초의 파라오 메네스에 의해 시작된 제1왕조의 수도는 멤피스였다. 나일강은 6월 말에서 10월 말까지 주기적으로 범람했고 이후 경작기와 수확기가 이어졌다. 강의 범람 전에는 예측과 대비를, 범람 후에는 농토 재조직을 위해 천문학과 기하학 등 실용적인 차원의 시공간 측정 기술이 발전했다. 과한 범람도 범람이 없는 것도 모두 문제를 일으켰기에 수자원을 관리하기 위한 사회조직화 필요성은 강력한 권력을 낳았다. 대규모 인력 동원이 가능했던 통치자는 제방, 운하, 관개수로, 우물과 하수구, 곡물 창고 등 실용적인 건축물을 축조했다.

이집트 초기 왕조는 분열과 재통합을 겪었으나 대피라미드와 대신전이 건설된 고왕국 시대, 이어진 중왕국 시대를 거치며 기원전 18세기 호전적인 아시아계 힉소스인의 침입 전까지 평화롭게 문명을 유지했다. 힉소스의 침입으로 기마병과 전차 등 전쟁 기술을 익힌 이집트인들은 기원전 16세기에 힉소스인을 축출하고 강력한 중앙집권 군사 제국의 신왕국 시대를 열었다. 신왕국 시대가 끝난 기원전 11세기부터는 여러 이민족 침입으로 파라오의 권위가 약해지기 시작했고, 기원전 7세기부터인 말기 왕조 시대에 아시리아와 뒤이은 페르시아제국의 영향을 받다가 기원전 4세기에 알렉산드로스 대왕에게 정복되었다.

파라오는 제사장이자 왕으로 종교와 통치의 구심점이었고 세금 징수, 관개시설 관리, 법 집행 등 통치의 다양한 측면을 담당하는 관료들이 파라오를 뒷받침했다. 종교는 태양신 라, 모성과 생산의 신 이시스, 사후 세계의 신 오시리스 등을 숭배하는 다신교였다. 기원전 14세기 신왕국 제18대 왕조에서 파라오 아케나텐의 종교개혁으로 태양신 아텐을 숭배하는 일신교로 바뀌었다가 아케나텐 사후 전통적인 다신교로 되돌아갔다.

이집트 종교의 핵심은 사후 세계에 대한 믿음이었다. 사후 세계로의 여정을 위해 시신을 보존하는 미라 처리로 의학과 해부학 지식이 발전했다. 파라오와 엘리트층 매장지로 건설된 대규모 무덤과 피라미드 같은 기념비적인 석조 건축물들은 수학과 기하학의 발전을 잘 보여준다. 이집트에서는 천문 관측을 기초로 한 달을 30일, 1년을 365일로 하는 태양력을 사용했다. 상징적인 예술품은 주로 종교의례와 장례식을 위해 제작되었고, 상형문자가 종교 경전, 공식 비문, 행정 문서에 사용되었다. 사회는 파라오를 정점으로 귀족, 사제, 서기관, 장인, 농부, 노예라는 고도로 계층화된 구조를 형성했다.

나일 문명에서 도시는 파라오가 통치하는 중앙집권 국가의 정치, 행정, 경제, 종교와 문화에 중요한 역할을 담당했다. 수도는 이집트의 정치적 심장부로, 파라오의 궁정에서 모든 주요 결정이 내려지고 법률이 제정되었다. 지방 도시에서는 총독이 세금 징수, 농업 관리, 사법 감독을 담당했다. 주요 도시는 국내 및 국제무역 네트워크의 중요한 거점으로 곡물, 리넨, 파피루스, 공예품이 거래되는 시장이 존재했다. 도시의 장인 공방은 일상용품부터 엘리트층과 신전을 위한 다양한 고급 제품까지 생산했다. 종교적·문화적 중심지였던 주요 도시에는 사원 복합단지 같은 종교 건축물이 있었다. 숭배 장소인 사원은 토지를 소유하고, 노동자를 고용하고, 곡물을 저장하며 경제에서도 중요한 역할을 담당했다. 도시에서는 관리와 사제 양성 교육이 이루어지고 축제와 행렬을 비롯한 문화 활동도 조직되었다.

이집트 문명에서 도시는 다른 문명보다 죽은 이들을 위한 '네크로폴리스' 특성이 뚜렷했다. 주요 도시 인근에는 파라오와 엘리트층을 위한 무덤과 장례 사원이 존재했다. 멤피스 인근 사카라가 그러한데, 최초의 피라미드가 이곳에 건립되었다. 이집트 도시는 상대적으로 고립적인 자연환경에 위치해 개방적인 평원에 존재했던 메소포타미아 도시와 달리 성벽으로 에워싸이지 않았다.

가장 대표적인 도시는 초기 왕조부터 중왕국 시대까지 수도였던 멤피스다. 최초의 파라오 메네스가 세운 이 도시는 정치와 행정의 중심지로, 나일강 삼각주의 정점에 자리를 잡았다. 멤피스는 초기 왕조와 기자의 대피라미드가 건립된 고왕국 시대의 번성을 뒷받침했다. 이후 내부 혼란을 잠재우고 중왕국 시대 이집트를 다시 통일한 이는 멘투호테프 2세로, 오늘날 룩소르인 테베를 수도로 삼았다. 이집트 상부에 자리한

이 도시는 바람과 공기의 신 아문 숭배의 중심지였다. 테베는 카르나크 신전과 룩소르 신전 같은 중요한 건축물이 세워진 이집트의 종교적 중심지였으며 신왕국 시대 이집트제국 전성기에는 권력의 중심지이기도 했다.

멤피스와 테베 외에도 오늘날 아마르나인 아케타텐이 파라오 아케나텐 시기 태양신 아텐 숭배를 위해 새로 건설되었으나 아케타텐 사후에 쇠퇴했다.

인더스 문명, 황허 문명과
고대도시

인더스강과 그 지류의 충적평야 지대에서는 신석기시대에 농경 정착촌이 나타났고, 기원전 33세기부터 기원전 13세기까지 인더스 문명 혹은 최초 발굴지 하라파의 이름을 딴 하라파 문명이 존속했다. 이 문명에서는 십진법을 사용하는 표준 도량법을 건축 기술에 사용했고, 기하학 도구를 활용해 도시를 격자형 도로로 배치했으며, 상하수도 체계를 정비한 도시계획이 두드러졌다. 거대한 규모의 신전이나 기념비적 공공구조물이 발견되지 않아서 사회적 계층화가 심했던 것으로 여겨지지는 않는다. 경제활동은 주로 농업과 축산업에 기반을 두었는데, 도시 장인은 구리, 청동, 납, 주석 등의 금속을 잘 다루었고 도자기 제작 및 직조 기술도 발전했다. 면직물,

곡물, 다양한 공예품을 거래하는 광범위한 교역 네트워크도 구축되었다. 다산과 풍요를 가져다주는 대지를 어머니 신으로 섬겼고, 힌두교 여러 신의 원형 모습 조각상이나 장신구도 많이 발견되었다.

인더스 문명의 쇠퇴 원인으로는 기후 변화와 자원 남용, 이민족 침입 등이 제시된다. 수배 개의 기호로 구성된 문자가 명확히 해독되지 않았으며, 넓은 지역에 퍼져 있는 많은 유적지가 아직 발굴되지 못해 문명의 실체가 모두 규명되지는 않았다.

도시는 인더스 문명에서 중심적인 역할을 했다. 가장 널리 알려진 하라파와 모헨조다로는 기원전 26세기에서 기원전 19세기까지 번성했다. 하라파는 파키스탄 북부 펀자브주에 위치하며 인더스강 지류로 현재는 메말라 있는 라비강 왼쪽 둔덕에 있다. 소규모 공공 구조물과 엘리트 거주지가 있는 성채 또는 상부 도시와 일반 대중을 위한 주거지역의 하부 도시로 구분되었고, 격자형 도로망을 갖추었다. 건물은 표준화된 구운 벽돌을 사용해 건설되었고, 주택의 크기와 배치가 균일한 것은 주민들의 부의 격차가 크지 않았음을 알려준다. 여러 장식품 유물에는 문명 교류의 증거인 메소포타미아 제품이 포함되어 있다. 하라파에서는 전성기에 약 150헥타르에 2만 3천여 명이 거주했던 것으로 추산된다.

모헨조다로는 파키스탄 신드주에 있으며 인더스강 하류의 중심 도시였다. 홍수 침식에서 보호하기 위해 인공 기단을 쌓고 그 위에 도시 건축물을 건립했다. 높은 담장으로 주거지를 구분했고, 우물, 목욕 시설과 화장실로 위생을 관리했으며, 잘 정비된 배수 시설로 하수 처리를 했다. 모헨조다로는 하라파와 마찬가지로 성채 또는 상부 도시와 하부 도시의 주거 지역으로 구분된다. 상부 도시에는 공중 욕장과 공동 자원의 저장고 역할을 했을 것으로 추정되는 대형 저장고가 있다. 발견된 테라코타 조각상, 장신구 유물을 통해 거주민들이 상당한 수준의 예술과 기술을 보유했음을 알 수 있다. 모헨조다로에서는 전성기에 300헥타르 면적에 약 4만 명이 거주했을 것으로 추산된다. 파키스탄 펀자브주 촐리스탄 사막 남쪽에 위치하는 간웨리왈라도 정교한 도시계획과 수자원 관리 체계, 표준화된 벽돌 건축 등 다른 인더스 도시와 공통적인 특성을 보여준다.

인도 하리아나주에 자리한 라키가리에서도 격자 도로망, 배수 체계, 주거 및 공공 구역 등 정교한 도시계획이 확인된다. 이 도시는 구슬과 도자기 제조, 야금술이 발달한 상공업 중심지였다. 발견된 수많은 인장, 장신구, 테라코타 인형은 활기찬 문화생활을 보여준다. 라키가리에서 그리 멀지 않은 곳에 자리한 칼리방간에는 불의 제단과 세계에서 가장 오래된 것으로 인정받는 쟁기질 밭의 흔적이 남아 있다.

인도 구자라트주 카디르섬의 돌라비라에는 성벽이 둘러쳐진 도시와 성벽 서쪽 외부의 공동묘지가 존재하는데, 도시의 주거 구역은 직업 분화와 계층적 사회구조를 반영하고 있다. 요새, 관문, 저수지, 의례 장소, 주거지 구획, 작업 공방, 공동묘지 등에서는 인더스 문명 도시의 특성이 잘 드러난다. 조개와 보석을 이용한 장신구, 테라코타, 금, 상아 및 기타 재료의 구슬 가공품은 높은 예술적·기술적 수준을 보여준다. 메소포타미아 지역과 인더스 문명권 도시 간의 무역 거래에 대한 증거도 발견되었다.

인더스 문명의 쇠퇴 이후 기원전 15세기부터 기원전 6세기까지는 베다 시기로 불린다. 《베다》는 인도 북서부로 이주해 온 인도아리아인 부족 연합 왕국에서 발전한 브라만교의 기초가 되는 전례 문헌이다. 기원전 6세기부터 기원전 3세기까지는 마하자나파다스로 알려진 인도 고대 십육국의 시대로 갠지스강 유역에서 도시화가 진행되었고 자이나교와 불교가 창시되었다. 철제 쟁기의 사용과 쌀 경작 확대로 농업이 발전해 더 많은 인구를 부양할 수 있었고 무역로가 확장되었다. 농업과 상업의 성장에 따라 발전한 도시들은 행정, 경제, 문화의 중심지 역할을 했다.

파탈리푸트라는 십육국에서 가장 강력했던 마가다왕국의 수도로 갠지스강 유역의 전략적인 요새 도시였다. 바이샬리는 자이나교와 불교에 중요한 종교도시이자 상업 중심지였고, 바라나시는 카시왕국의 수도로 힌두교의 성지다. 밧사왕국의 수도였던 카우샴비는 붓다 시대에 인도 최대 도시 중 하나로 번성한 상업도시였다. 십육국의 영역은 아니었으나 파키스탄의 간다라 지역 탁실라는 학문, 문화, 교역의 중심지였다. 마하자나파다스 시대에는 발전된 도시 중심지, 복잡한 국가 시스템, 새로운 종교의 출현 등 고대 인도의 사회·정치적 토대가 구축되었다. 이런 발전은 마우리아제국이 부상하는 발판을 마련했다.

찬드라굽타가 세운 마우리아제국은 기원전 320년에서 기원전 185년까지 유지된 고대 인도 최초의 제국으로 아대륙 대부분을 통일했다. 찬드라굽타의 손자 아소카 대왕은 영토를 확장했고 불교 전파에 힘썼다. 마우리아제국은 복잡한 관료제를 갖춘 중앙집권적 통치를 특징으로 했다. 농업, 광업, 무역 등 주요 경제활동을 국가가 통제했고, 대규모 상비군은 제국의 확장과 질서 유지에 큰 역할을 했다. 아소카의 칙령을 새겨 제국 전역에 세운 아소카의 기둥은 현대 인도의 국가 상징으로 채택된 네 마리의 사자 문양 장식으로 유명하다.

마우리아제국의 쇠퇴 이후에는 여러 왕국이 공존하다가 서기 4세기 초에 굽타제국이 수립되어 6세기 후반까지 유지되었다. 굽타제국은 예술, 과학, 문학 분야에서 괄목할 만한 업적을 남겼기에 인도의 황금기로 불린다. 힌두교 문화와 종교적인 관습이 국가에 의해 장려되었는데, 정치 구조와 행정은 마우리아제국보다 분권화되어 있었다. 마우리아제국과 굽타제국에서 수도였던 파탈리푸트라는 정치와 문화 활동의 중심지였다. 십육국의 하나였던 아반티왕국의 수도 우자인은 두 제국 시대에 인도 중부의 행정, 경제, 종교와 학문의 중심지로 번성했다.

중국에서는 신석기시대 중기의 츠산 문화, 양사오 문화, 룽산 문화, 청동기시대 초기 얼리강 문화를 거쳐 기원전 16세기에서 기원전 11세기까지 최초의 왕조였던 상나라 때 황허 문명이 등장했다. 황허는 기장과 밀 재배를 포함한 농업 발전에 필요한 비옥한 토양을 제공해 경작 인구 증가와 정착촌의 발전을 뒷받침했다. 농경과 함께 돼지나 개와 같은 동물의 가축화는 문명의 유지와 발전에 중요했으며 국제 교역의 주요 상품이 될 비단 양잠업도 시작되었다. 황허의 홍수를 조절하기 위한 권력의 필요성은 계층화한 사회구조를 낳았고 최초의 왕조를 등장시켰다. 계획적 공간 배치로 궁전 단지와 청동 주조소를 갖춘 도시는 통치의 기반을 구축했다. 황허 문명에서는 무기, 각종 도구, 의식용 그릇에 사용된 청동 기술이 크게 발전했으며, 가장 초기의 한자 체계가 종교적인 점술과 기록에 사용되었다.

황허 문명에서 도시는 초기 국가 형성에 중요한 역할을 했다. 도시는 안정적인 정치권력과 경제활동, 종교와 문화 발전, 기술혁신의 진원지로 이후 수천 년 동안 영향을 미칠 중국 문명의 토대를 확립했다. 왕과 엘리트 관료의 궁전과 대저택이 건립된 왕조의 수도는 정치의 중심지였으며, 지방의 주요 도시는 행정의 중심지였다. 도시는 주변을 통제하고 통치하는 데 중요했고, 권력의 중앙 집중을 촉진하는 네트워크의 중심점으로 세금 징수, 공공사업을 위한 노동력 동원, 사법 행정을 담당했다. 경제 허브로서 도시는 농업 잉여의 저장과 분배에 중요한 역할을 했다. 잉여 작물은 관료제 유지와 상공업 활동 지원에 필수적이었다. 도시는 장인 특화 생산과 교역의 중심지였다. 근거리와 원거리 상업 교류를 촉진해 청동 주조, 도자기, 비단 직조와 같은 생산의 다각화 및 전문화에 기여했다. 아울러 도시는 종교의례, 조상 숭배, 기록 관리와 교육 등 종교와 문화의 중심지였다.

주거지역, 궁전, 사원, 작업장 등을 구획해 배치한 황허 문명의 도시들은 중국 도시계획의 초기 사례를 잘 보여준다. 가장 중국적인 특성은 외부의 공격에서 보호하기 위해 다진 흙으로 쌓은 성벽이다. 도시는 중국에서 성시로 표기하는데, 담으로 둘러쌓은 성에 시장이나 저자를 뜻하는 시가 결합한 단어다. 최초의 왕조 상나라의 수도는 허난성 안양 인근 은허라 불리는 곳이었다. 갑골문이 발견된 곳으로 정교한 야금 기술을 보여주는 청동 주조소, 대규모 궁전과 사원 단지가 있었다. 은허 남쪽으로 200킬로미터 정도에 자리한 허난성 성도 정저우의 기원도 상나라 때다.

주나라는 상나라를 이어 기원전 1세기 중엽부터 기원전 3세기 중엽까지 서주와 동주로 존속했다. 시안 인근 하오징이

서주의 수도였고, 뤄양이 동주의 수도였다. 뤄양의 지리적 입지는 군사적 방어에 유리했고 상업도 촉진했다. 농업이 발달한 남부와 목축업이 발달한 북부, 그리고 중국과 중앙아시아 간의 교역로가 교차했던 뤄양의 활기찬 시장에서는 비단, 청동, 도자기, 곡물 등이 거래되었다. 고대 중국의 도시계획 원칙을 따라 거리가 직사각형 격자로 조성되어 주거, 상업, 관공서 등의 공간 배치가 용이했다. 권력을 상징하는 궁전, 관공서, 사원은 도시 중심부에 자리했다. 뤄양에 모여든 학자, 예술가, 철학자들은 유교, 도교 및 기타 철학 발전에 공헌했다.

주나라는 봉건 제후 세력의 여러 소국이 경쟁하는 춘추시대와 전국시대로 이어졌다. 주나라 왕실과 전국시대 여러 나라의 제도들을 기록한 《주례》의 마지막 부분 〈고공기〉는 도시와 관련해 수평과 방위를 정하는 측량 문제와 도성 건설 제도를 다룬다. 이에 의하면, 왕성은 정방형이고 성벽에서 다른 쪽 성벽까지 주요 도로가 도시를 가로지른다. 중앙에는 내성으로 둘러싸인 궁전이 남쪽을 향해 자리하며 뒤편에는 시장이 서고 앞 편에 관청(전조후시), 동쪽에 왕조의 조상을 기리는 사원, 서쪽에 토지와 오곡 신을 위한 제단(좌묘우사)이 세워진다. 이런 도성 축조 원리는 이후 동아시아 각국에 영향을 미쳤다.

전국시대 강성했던 일곱 국가(전국칠웅)는 기원전 3세기에 진나라 시황제에 의해 통일되었다. 시안 인근에 수도로 조성된 셴양은 제국의 정치권력, 행정 효율성, 문화와 기술 발전을 반영했다. 진시황릉과 병마용은 진나라 수도의 웅장함과 중앙집권적 권위, 사후 세계 인식을 드러낸다. 진나라를 이은 한나라는 기원전 3세기 초부터 서기 3세기 초까지 존속했고 예술, 과학, 기술 발전으로 중국의 고대 황금기로 여겨진다. 현재 시안인 당시 장안이 전한의 수도였고, 왕조의 맥이 일시 끊긴 후 재등장한 후한의 수도는 뤄양이었다.

한나라 때 개척된 실크로드는 장안에서 국제적 상거래와 문화 교류를 활발하게 만들었다. 각지의 학자, 예술가, 상인들이 모여드는 국제적인 도시였던 장안은 유교를 국가 이념으로 삼은 한나라의 학문 중심지이기도 했다. 장안은 장락궁, 미앙궁 등 다섯 궁전으로 강력한 황제의 권력을 드러냈다. 뤄양에는 궁전이 한 곳이었으나 수도는 행정 및 정치의 중심지로 강력한 중앙집권적 통치를 가능하게 했다. 한나라의 쇠망 이후 삼국시대와 위진 남북조시대에는 많은 나라가 흥망성쇠를 거듭했는데, 유목 전통의 북방계 도시들도 성곽을 두르고 궁전과 사원을 지닌 중국의 전통적인 도시 구조를 수용했다.

고대 지중해 도시 네트워크와
그리스 도시국가

　　고대 지중해 세계에서는 청동기시대와 철기시대 초기에 다양한 문명이 존재했다. 크레타섬에서는 기원전 25세기에서 기원전 14세기까지 미노스 문명 혹은 크레타 문명이 번성했다. 이 문명은 소아시아, 메소포타미아, 이집트와 인접한 지리적 입지로 활발한 해상무역을 펼쳤다. 신석기시대에 등장한 정주지는 부가 증가하고 정치적·종교적 권력이 강화된 청동기시대에 궁전 도시로 성장했다. 크레타섬의 여러 궁전 가운데 가장 대규모인 크노소스궁은 천 개가 넘는 방들로 미궁이라는 별칭을 지녔다. 많은 방은 각종 교역 물품의 창고 역할을 한 것으로 보이며 기름, 양모, 포도주, 곡물 저장용 큰 도기 항아리도 발견되었다. 궁전의 기단과 아래층은 석재로 건설되었고, 상층부는 목조 들보와 기둥 구조에 흙벽돌을 쌓은 형태이며, 방과 복도는 프레스코화로 장식되었다.

크레타섬에서는 이집트 물품이, 이집트와 소아시아 여러 지역에서는 미노스 문명의 도기가 발견되어 고대 지중해에 교역망이 존재했음을 확인해준다. 미노아 문명은 자연재해와 미케네의 침입으로 몰락했다. 미케네 문명은 인도유럽어족에 속한 그리스인이 북쪽에서 남하해 정착한 기원전 18세기부터 기원전 11세기까지 펠로폰네소스반도에서 유지되었다. 평화롭게 해상 교역에 종사한 미노아와 달리 미케네는 호전적이었다. 강력한 왕이 통치하는 위계질서와 전사 중심 사회로 전쟁을 통해 성장해 그리스 본토와 지중해 곳곳에 영향력을 확장했다.

미케네의 도시들은 거대한 돌담 성벽, 대형 궁전, 무덤 등 기념비적인 건축물로 유명했다. 궁전은 중앙 안뜰, 왕좌의 방, 창고, 작업장 등을 갖추었다. 금과 각종 보석, 무기로 화려하게 장식된 엘리트층의 갱도 무덤과 왕족을 위한 기념비적인 원형 무덤은 계층화된 사회구조를 반영한다. 대표적인 궁전 도시 미케네에는 궁전, 원형 무덤, 대형 창고가 있었으며, 성벽 정문은 두 마리 석재 사자 조각상으로 유명했다. 티

린스, 필로스도 잘 보존된 미케네 궁전 도시 유적지다. 미케네 문명은 도리아인의 침입과 환경 변화 등으로 몰락했다. 이후 도시국가 폴리스가 형성되는 기원전 8세기까지는 문명의 흔적이 잘 발견되지 않는 그리스 암흑 시기다.

지중해 해상무역 네트워크를 천 년 넘게 유지한 세력은 기원전 12세기에서 기원전 3세기 사이에 번성했던 페니키아다. 페니키아인들은 현대의 레바논을 비롯한 동부 지중해 연안 지역에서 기원해 뛰어난 항해술로 지중해 전역에 상업적 식민시를 세웠다. 최초의 알파벳 중 하나를 창안해 널리 확산시킨 페니키아는 목재, 은, 유리, 염료, 직물을 주로 거래했다. 중앙집권적인 왕국이나 제국과 달리 페니키아는 독립적 도시국가들로 구성되었다.

페니키아의 주요 도시로는 레바논 남부의 티레와 시돈이 있다. 유리와 염료 생산지이자 요새를 갖춘 항구도시들로 무역과 식민시 개척의 시작점이기도 했다. 레바논 중부의 비블로스는 이집트와의 무역 중심지로 파피루스 거래가 활발했다. 레바논 연안의 항구도시들은 기원전 9세기에 정점에 도달했다가 아시리아제국의 정복으로 쇠퇴했다. 반면에 티레 출신들이 튀니지에 세운 식민시 카르타고는 자체적으로 크게 성장했다. 카르타고는 전성기에 북아프리카, 이베리아반도, 시칠리아 일부를 근거지로 서부 지중해 무역을 장악했지만, 기원전 3세기에 포에니전쟁으로 로마에 멸망했다.

소아시아 아나톨리아에서는 히타이트가 몰락한 이후 기원전 12세기부터 기원전 6세기까지 리디아왕국이 존속했는데, 이곳에서 기원전 7세기에 화폐가 처음 주조되었다. 리디아 이후 아나톨리아를 차지한 세력은 기원전 6세기에 세워진 아케메네스왕조의 페르시아제국이었다. 제국을 세운 키루스 대왕은 리디아와 신바빌로니아를 정복했는데, 정복지의 문화와 종교에 관용을 보였다. 다리우스 1세는 인더스강 유역까지 이른 최대 영토의 제국을 원활히 통치하고 교역을 활성화하기 위해 '왕의 길'을 건립했다.

아케메네스제국의 첫 번째 수도는 파사르가다이며, 이곳에 키루스의 무덤이 있다. 다리우스 1세는 수메르 도시였던 수사에 궁전을 두고 일시적으로 수도의 역할을 부여했다가 신도시 페르세폴리스를 만들어 제국의 수도로 삼았다.

그리스에서는 기원전 8세기에 독자적 정치 제도, 경제 체계, 사회조직을 갖춘 도시국가인 폴리스가 등장했다. 흔히 부족 공동체가 폴리스로 성장했는데, 산악 지형으로 인해 많은 독립적 소규모 폴리스가 형성되었다. 기원전 8세기부터 기원전 5세기까지 그리스 고전기에 인구가 증가하고 경제가 활성화하자 많은 폴리스가 지중해와 흑해 연안에 식민시를 건설했다. 식민시는 경제적 · 문화적으로 상호 연결된 도시국가 네트워크를 형성했다. 폴리스는 일반적으로 정치, 종교, 상업 활동이 이루어지는 도시 중심지와 주변 농촌으로 구성되었다. 폴리스는 시민군을 구성한 자유 시민이 소속감과 정체성을 공유하는 공동체였다. 폴리스 간 갈등도 존재했으나 정치적 자율성, 언어와 종교, 올림픽 제전 같은 문화에서 공통점이 더 많았다.

폴리스 도시계획의 핵심은 도심의 중앙 광장 아고라였다. 이곳에는 지붕이 있는 주랑으로 회의, 사교, 교육 장소였던 스토아가 존재했고 의회, 법정, 체육관, 소규모 종교 제단과 성소, 시장이 있었다. 산기슭에 조성된 야외극장 역시 도시의 중요 구성 요소였다. 신전과 공공건물이 있는 요새화된 성채이자 종교 중심지 역할을 하는 아크로폴리스는 높은 곳에 자리했다. 아테네의 아크로폴리스에는 기원전 5세기에 파르테논 신전이 건립되었다.

기원전 5세기 밀레투스의 히포다무스는 서양 최초의 도시

계획가로 일컬어진다. 그는 도로를 직각으로 교차시켜 격자를 형성하는 그리드 계획을 개발해 도시 공간을 주거, 상업, 공공 구역으로 구분하는 질서 있는 도시를 설계했다. 그의 격자형 도시계획은 이후 헬레니즘 시기 도시나 로마제국의 식민시 건설에 영향을 미쳤다.

정치적으로 폴리스는 공동체 내 개인의 권리와 책임에 기반을 둔 민주주의를 탄생시켰다. 민주주의로 번역되는 데모크라시는 시민의 거주지 행정단위인 데모스와 통치를 의미하는 크라토스를 결합한 용어다. 아테네는 민주주의가 발전한 대표적인 폴리스였다. 초기 아테네 정치는 귀족 회의 기관 아레오파고스를 통해 귀족이 독점했는데, 상공인들은 팔랑크스라는 중갑보병 밀집 전술의 시민군으로 복무하며 정치 참여의 목소리를 높였다.

기원전 6세기에 아테네의 정치가 솔론은 귀족의 권력을 축소하고 경제적 불평등을 해소하려 노력했다. 그는 4개 혈연 부족 대표자로 400인회를 만들고 시민을 재산에 따라 네 계층으로 재편해 민회인 에클레시아 참여를 보장했다. 페이시스트라토스의 인기에 영합한 참주 지배 이후에는 이를 막으려 도편추방제가 도입되었다. 클레이스테네스는 혈연 부족을 거주지 기준 10개 부족으로 재편하고 데모스에서 선출된 대표자로 500인회를 만들었다. 이 기구는 기존 400인회를 대체했으며 민회에서 논의할 안건을 마련했다. 기원전 5세기 중반 페르시아전쟁을 치르면서 가난한 시민도 노 젓는 수병으로 해군에 복무했으며 정치에 적극적으로 참여했다. 이에 아레오파고스 권한은 대부분 민회로 이전되었고, 페리클레스는 관직 추첨제와 시민 배심원 유급제로 직접민주주의를 강화했다.

페르시아전쟁에서 그리스 연합을 이끈 아테네의 간섭 증가에 반발한 폴리스들은 스파르타를 중심으로 뭉쳐 아테네 세력과 펠로폰네소스전쟁을 벌였고, 이로 인해 폴리스들이 모두 쇠퇴했다. 이 무렵 북쪽에서 마케도니아왕국이 성장해 그리스 전역을 장악했다. 마케도니아의 알렉산드로스 대왕은 페르시아를 무너뜨린 후 이집트와 인더스 유역까지 광활한 영토를 정복했다. 알렉산드로스 사후 광대한 영토는 그의 장군들에게 분할되어 마케도니아 안티고노스왕국, 이집트 프톨레마이오스왕국, 소아시아 셀레우코스왕국이 유지되었다. 이를 헬레니즘 세계라 부르는데, 그리스 문화가 확산하고, 예술과 과학이 번성했으며, 정치와 경제, 학문과 문화 중심지

역할을 하는 도시가 발전했다.

　동방원정에서 대규모 고대도시들에 경탄한 알렉산드로스는 자신의 이름을 딴 도시들을 건립하게 했는데, 기원전 4세기에 건설된 이집트 알렉산드리아가 대표적이다. 이 도시는 지중해에서 가장 큰 화물 집산 항구도시로 국제 교역과 문화의 중심지였고 그리스와 이집트의 종교 결합과 같은 문화 융합이 활발하게 이루어졌다. 도시와 둑길로 연결된 파로스섬의 등대는 번창한 상업 항구의 상징이었다. 동서와 남북 격자형 거리로 계획되었고, 신전, 야외극장 등이 존재했다. 고대 세계 최대 규모의 도서관과 박물관 무세이온에서는 유클리드, 아르키메데스 등이 활동하며 수학, 천문학, 의학, 문학 발전에 공헌했다. 알렉산드리아는 그리스인, 이집트인, 유대인, 지중해와 근동 전역의 사람들이 함께 살아갔던 범세계적 도시였다.

로마의
유산

그리스에서 폴리스가 형성되던 기원전 8세기에 이탈리아에서는 도시국가 로마가 건국되었다. 초기에는 힘이 미약해 북쪽의 에트루리아 영향을 받았고, 이탈리아 남부는 그리스 식민시들의 영역이었다. 로마는 기원전 6세기 초에 에트루리아 출신 왕을 축출하고 공화정을 수립했다. 기원전 5세기부터 기원전 3세기까지는 귀족의 특권에 맞선 평민의 신분 투쟁으로 '원로원과 평민의 로마' 공화정 체제를 확립했다. 로마에는 혈연 부족에 기초한 쿠리아 민회, 군대 단위의 켄투리아 민회, 거주지를 기반으로 한 트리부스 민회, 호민관을 선출하는 플레브스 민회가 존재했다. 민회는 행정을 담당하는 고위 정무관을 선출했고 입법, 사법, 주요 정책 결정권을 지녔다.

차츰 이탈리아를 장악한 로마는 기원전 3세기에 포에니전쟁으로 카르타고를 정복해 서부 지중해를 장악했고, 이후 마케도니아전쟁, 시리아전쟁, 이집트 병합을 통해 기원전 1세기 초까지 동부 지중해 헬레니즘 세계마저 장악했다.

잦은 정복 전쟁과 사회경제적 불평등으로 평민이 궁핍해지자 기원전 2세기 초에 호민관 그라쿠스 형제가 개혁을 시도했으나 실패했다. 이후 귀족파와 민중파 간 갈등이 심화했고 군인 세력이 정치를 장악해 유력한 세 명이 통치하는 제1차 삼두정치가 나타났다. 카이사르가 권력을 잡아 삼두정치는 사라졌으나 그가 독재 정치를 하다 암살되자 제2차 삼두정치가 등장했다. 이후 옥타비아누스가 최종 권력을 차지해 원로원으로부터 존엄한 자라는 아우구스투스 칭호와 제1의 시민이라는 프린키파투스 칭호를 받으며 공화정이 제정으로 변모했다. 제정 초기 200여 년은 평화와 안정이 유지된 '팍스 로마나' 시기였고 능력이 뛰어난 이가 황제를 계승했다.

로마는 다섯 명의 현명한 황제(오현제) 통치 아래 국력이 절정에 이르렀다. 그러나 3세기부터는 정치군인들이 황제 자리를 차지하며 제국이 위기에 빠졌다. 3세기 말에는 제국을 동서로 구분하고 각각 황제와 부황제 4제가 통치하는 체제가 마련되었다. 4세기 초에 동서 로마 공동 황제에 오른 콘스탄티누스는 밀라노칙령으로 기독교를 공인했고 동로마에 자신의 이름을 딴 신도시 콘스탄티노폴리스를 건설했다. 서로마는 게르만족의 침입과 각종 혼란으로 476년에 멸망했으나 콘스탄티노폴리스를 수도로 한 동로마제국은 15세기 오스만 튀르크에 점령될 때까지 존속했다.

도시 로마는 점진적으로 팽창했기에 일관된 격자형 도시계획을 적용하기 어려웠으나 신도시 건설에는 이를 잘 적용했다. 로마의 중심지에 조성된 포룸은 공공 생활의 중심지로 원로원 등 주요 관공서가 직사각형 모양의 광장을 감싼 형태였다. 이곳에는 시장, 다양한 신전과 개선문들이 들어섰고 정치, 경제, 종교 활동이 이루어졌다. 카이사르 포룸, 아우구스투스 포룸, 트라야누스 포룸 같은 황제 포룸이 도시 중심부에 추가로 조성되기도 했다. 만신전 판테온, 전차 경주장 키르쿠스 막시무스, 5만 명을 수용할 수 있는 원형경기장 콜로세움은 포룸의 각종 기념비적 건축물과 함께 로마의 영광을 표출했다.

황제의 고급 별장인 빌라부터 하층민의 다층 공동아파트

인술라까지 주거지는 사회적 계층 질서를 반영했다. 수로와 수도교는 로마 공학의 대표적인 업적으로 멀리 떨어진 곳에서 신선한 물을 도시로 가져와 공중 욕장, 분수대, 개인 가정에 수돗물을 공급했다. 카라칼라와 디오클레티아누스 공중욕장은 목욕뿐만 아니라 사교, 운동, 휴식의 장소였다. 공중위생 관리를 중시했던 로마는 배설물 관리와 홍수 예방을 위해 클로아카 막시마 같은 하수도를 정비했다.

로마는 외침으로부터 도시를 보호하는 방어벽으로 둘러싸여 있었는데, 기원전 4세기에 축조된 세르비아누스 성벽은 카이사르 시대에 도시를 정비하며 대부분 헐렸다. 서기 3세기에 건설된 아우렐리아누스 방어벽은 온전히 남아 있다. 로마는 기원전 3세기 아피아 가도 건설 이후 제국 전역의 군사 이동과 더불어 교역과 소통을 원활하게 하는 정교한 도로망을 정비했다.

로마제국 전성기에 도시 문화는 활기차고 다양했는데, 유럽, 북아프리카, 소아시아 세 대륙에 걸친 광대한 제국의 수도로서 범세계적 로마의 위상을 반영하는 것이었다. 로마는 로마인뿐만 아니라 그리스인, 이집트인, 시리아인, 유대인 등 다양한 민족이 공존하는 다문화 도시였다.

공화국 말기 호민관에 의해 실시되기 시작한 하층민에 대한 곡물 분배는 빈민 구호 차원이었으나 황제는 사회적 결속과 통제로 정치권력에 대한 비판을 잠재우기 위해 이를 활용했다. 동시에 황제는 전차 경주, 연극 공연, 검투사 시합 같은 오락을 제공하는 '빵과 서커스' 정책을 펼쳤다. 로마 시내에는 제국 각지에서 유래한 다양한 종교와 숭배 활동을 위한 성소와 제단이 곳곳에 존재했다. 4세기 말에 기독교가 국교가 된 이후에는 로마 대주교가 교황으로 기독교를 이끌며 로마가 기독교의 성지가 되었다.

제국의 속주들은 로마에서 파견한 지방 총독의 통치 아래 제국에 군대를 제공하고 세금을 납부했다. 속주의 주요 도시는 행정, 경제, 문화의 중심지이자 군사적 거점이었다. 갈리아(프랑스)에서는 리옹의 기원인 루그두눔이 속주의 수도로 번성했다. 루테티아로 지칭된 파리 도심에는 공중 욕장과 야외극장이, 프로방스 지방의 아를, 님, 오랑주 등에는 원형경기장이나 신전이 잘 남아 있다.

브리타니아(잉글랜드)에서는 로마의 군 병영이었던 론디니움이 런던의 기원이며, 온천 도시 바스 등이 로마제국의 대표적인 도시다. 스페인 세고비아 도심의 대형 수도교, 남부 독일 소도시들이나 로마 황제들의 휴양지인 크로아티아 해안가의 도시들에 남겨진 건축물들은 로마가 전파한 도시 문명을 잘 보여준다. 터키 에페소스, 시리아 팔미라에는 헬레니즘과 로마의, 튀니지 두가에는 페니키아와 로마의 도시 유산이 잘 보존되어 있다.

전근대 도시 문명의 발전

이슬람 세계의
도시화

　이슬람교는 아라비아반도 메카에서 태어난 예언자 무함마드가 7세기 초에 창시한 종교로, 그가 박해를 피해 메카에서 메디나로 이주한 622년을 원년으로 한다. 유대교와 기독교 《성경》 내용을 계승한 《쿠란》이 이슬람 경전이고 신앙 고백(샤하다), 기도(살라), 자선(자카트), 라마단 금식(사움), 메카 순례(하지) 다섯 의무가 신앙 활동의 핵심이다. 이슬람 세계는 8세기 중반에 중동과 북아프리카는 물론 유럽의 이베리아반도와 인더스강 유역까지 급속히 팽창했다. 이슬람 문명은 그리스, 페르시아, 인도의 지식을 흡수하고 이를 바탕으로 문화와 과학을 높은 수준으로 발전시켰다. 동서 교역과 문화 융합의 중심지였던 주요 도시의 학문과 예술 활동은 건축,

문학, 그림 글씨 캘리그래피, 수학, 천문학, 의학, 지리학 분야에서 큰 성취를 남겼다.

무함마드 사후 '뒤따르는 자' 라는 뜻의 칼리파들이 정치와 종교 지도자로 이슬람 공동체를 통치했고, 4대 칼리파 때부터 칼리파를 종교 공동체의 합의로 선출하자는 수니파와 무함마드 후손에서 선출되어야 한다는 시아파의 다툼이 시작되었다. 정통 칼리파 시대에 뒤이어 등장한 우마이야 칼리파 왕조는 7세기 중반부터 8세기 중반까지 수도 다마스쿠스에 기반을 둔 강력한 중앙집권 통치와 군사 정복으로 이슬람의 팽창을 주도했다. 그러나 이슬람교도를 지칭하는 무슬림들 사이 아랍인과 비아랍인의 갈등으로 8세기 중반에 아바스 칼리파 왕조로 대체되었다. 아바스왕조는 이슬람 문화의 황금기였으나 수도 바그다드가 13세기 중반 몽골의 침입으로 점령되며 몰락했다.

이집트에서는 파티마 칼리파 왕조가 10세기부터 12세기에, 뒤이어 맘루크 술탄국이 13세기부터 16세기 초까지 유지되었다. 맘루크는 이슬람으로 개종한 군사 노예 출신 지배자를, 술탄은 이슬람 세계의 지역 통치자를 지칭한다. 11세기 중엽에는 아나톨리아를 차지한 셀주크튀르크가 바그다드에 입성해 아바스 칼리파 왕조로부터 술탄 칭호를 받고 셀주 크제국을 세웠다. 이 제국은 유럽 십자군과 대결하며 지속적인 전쟁을 치르다 12세기 말에 몽골의 침입으로 몰락했다.

이슬람 세계의 도시는 종교, 사회조직, 경제를 반영하는 독특한 도시계획과 문화적 특성을 보였다. 이슬람 도시들은 종교와 군사 중심지일 뿐만 아니라 장인의 특화 생산과 상업, 지적 활동의 중심지이기도 했다. 많은 이슬람 도시는 방어를 위한 좁고 구불구불한 거리와 막다른 골목 배치를 특징으로 했는데, 시간이 흐르며 도시가 유기적으로 성장해간 모습이 반영되어 있다. 도시를 둘러싸는 성벽이 일반적인 특징이었으며, 성벽 내에 존재했던 여러 문은 치안과 경제 규제에 활용되었다. 도시에 물을 공급하기 위해 카나트라는 지하수로 체계와 우물 및 분수대가 설치되었고, 공중 욕장인 하맘은 사회생활과 위생에 중요한 역할을 했다.

예배당인 모스크와 교육기관 마드라사는 도시의 중심부에 자리했다. 돔 지붕과 첨탑 미너렛을 지닌 모스크는 메카를 향해 세워졌고, 그 내부는 아라베스크 꽃문양에 기초한 기하학적 문양이나 《쿠란》 구절의 캘리그래피로 장식되었다. 모스크 주변에는 이슬람 학교인 마드라사가 자리해 종교 및 세속 지식의 교육을 담당했다. 전통시장 수크와 바자르는 이슬람 도시의 핵심적인 요소로 상업과 사회생활의 허브 역할을 했다. 수크는 종종 직물, 향신료, 금속과 같은 다양한 상품별 구역으로 구성되었고, 바자르는 수크에 비교해 좀 더 크고 개방적이었다.

대부분의 이슬람 도시는 다양한 종파와 민족의 무슬림뿐만 아니라 유대인, 기독교인, 기타 종교 공동체 구성원이 함께 살아가는 범세계적 성격을 띠었고, 이런 다양성은 도시의 문화, 경제, 사회생활에 영향을 미쳤다. 주거 구역은 보통 민족이나 종교별로 나뉘었다. 공동주택에서는 분수대가 놓인 안뜰이 공용 공간으로 사용되었고, 주택의 출입문과 안뜰을 거쳐 나타나는 개별 주거공간은 외부에서 보호되는 생활환경을 제공했다.

지중해, 아프리카, 아시아에 걸친 이슬람 세계의 방대한 무역 네트워크에 힘입어 이슬람 도시에서는 장인의 직물, 도자기, 금속 공예품 및 기타 특화상품 생산과 국내외 교역이 번성했다. 경제적인 활력에 힘입은 학문과 과학 발전은 각지의 학자들을 모여들게 했다. 자선과 사회 복지에 대한 이슬람교의 강조는 도시에 병원, 보육원, 여행자용 호스텔 건립으로 이어졌고 이런 기관의 설립과 운영을 지원하기 위한 자선 기부단체 와크프가 존재했다. 이슬람 율법 샤리아는 개인의 행동, 무역, 사회적 관계를 규율하는 법적인 틀을 제공했으며, 도시의 행정은 종교 지도자와 시민 생활을 관리하는 공무원의 역할 분담과 협조로 이루어졌다.

우마이야왕조의 수도였던 시리아의 다마스쿠스는 정치와 행정, 경제와 문화의 중심지였다. 8세기 초에 건립된 다마스쿠스 대모스크는 우마이야 모스크로 불리며 이슬람 건축의 선례가 되었다. 이 모스크는 고대 아시리아, 그리스, 로마의 신전과 초기 기독교 교회 터에 세워졌다. 이집트와 시리아의 술탄으로 12세기 말 제3차 십자군전쟁에서 이슬람을 이끈 살라딘의 묘가 이 모스크 안에 있다. 우마이야 모스크는 예루살렘 '바위의 돔' 성전, 메카와 메디나 성지 다음으로 무슬림에게 신성시되는 장소다.

아바스왕조의 수도 바그다드는 9~10세기 인구 100만 명의 도시였으며, '지혜의 집'이라는 뜻의 바이크-알히크마가 그리스, 페르시아, 인도 고전의 아랍어 번역을 담당한 학문의 중심지였다. 스페인의 코르도바는 우마이야왕조 내 코르도바 토후국과 코르도바 칼리파국의 수도로 궁전, 도서관,

대모스크로 유명하며 스페인 이슬람 예술과 건축의 정점을 보여준다. 이집트 카이로의 기원인 푸스타트는 파티마 칼리파 왕조와 맘루크 술탄국의 수도였다. 이 도시는 나일강과 홍해에 인접한 전략적 위치 덕분에 상업 중심지로 이슬람 세계의 무역 네트워크에서 중요한 역할을 담당했다. 셀주크제국의 수도는 이란의 니샤푸르, 레이, 이스파한, 하마단으로 계속 변했다. 이들 도시도 다른 이슬람 세계의 도시처럼 종교, 행정, 학문의 중심지였다.

아프리카에는 이슬람이 등장하기 전에 이집트 외에도 여러 고대 문화와 도시가 존재했다. 기원전 10세기부터 서기 6세기까지 존속했던 서아프리카 나이지리아의 녹 문화는 야금과 제련 기술을 지닌 철기 문화로 테라코타 조각상 유물이 유명하다. 수단의 쿠시왕조는 고대 이집트 제25대 파라오왕조로 기원전 10세기부터 서기 4세기까지 존속했다. 나일강 상류 케르마가 수도였고, 기원전 9세기 상이집트를 정복하며 성장했다. 쿠시왕조는 기원전 6세기에 페르시아의 공격으로 수단 북부 메로에로 천도한 후 이집트와 단절되었고 4세기에 악숨왕국에 의해 몰락했다.

에티오피아 북부와 에리트레아 지역을 장악했던 악숨왕국

은 기원전 2세기부터 번성했고 이슬람교 등장 이전에 인도양 무역을 주도했다. 서아프리카에서 5세기부터 13세기까지 존속한 가나왕국은 와가두라는 국명보다 통치자를 지칭하는 가나라는 이름으로 더 알려졌는데, 풍부한 금으로 사하라 횡단 교역로를 만들었다.

이슬람은 교역, 정복과 이주, 선교 등으로 아프리카에 전파되었다. 북아프리카에서는 7세기에 이슬람이 확산하면서 토착 베르베르인 엘리트와 결합한 아랍인이 지배 세력이 되었다. 이슬람교는 사하라 횡단 교역로를 따라 서아프리카로 전파되었다. 동아프리카 케냐, 탄자니아, 모잠비크의 스와힐리어 해안 지역에서는 8세기부터 해안을 따라 정착촌을 건설한 반투족과 아랍 및 페르시아 상인 간의 교역을 매개로, 수단과 에티오피아 지역은 교역과 이슬람 선교 활동으로 이슬람이 확산했다.

우마이야왕조와 아바스왕조는 북아프리카에 영향력을 행사했으나 직접 통치하지 않았다. 대신 이들 왕조의 틀 내에서 파티마 칼리파 왕조가 10~12세기 이집트를, 베르베르인의 알모라비드 및 알모하드 왕조가 11~13세기 북아프리카와 이베리아반도의 이슬람 세계를 통치했다. 이집트 카이로, 모로코 페스, 튀니지 카이로우안이 북아프리카의 주요 도시였다. 서아프리카에서는 이슬람화한 가나왕국의 몰락 이후 말리왕국과 송가이왕국이 13세기부터 16세기까지 이슬람 국가로 존속했고 나이저강변의 팀북투가 정치, 종교, 교역의 중심지였다.

실크로드, 인도양 무역과
도시 발전

동서양을 잇는 실크로드 교차로인 중앙아시아에는 많은 도시가 무역과 문화 중심지로 번성했다. 비단, 향신료, 도자기, 귀금속 등의 상품 교환이 활발하게 이루어졌고 민족, 종교, 언어가 다른 사람들이 공존하고 교류하며 문화가 뒤섞였다. 키르기스스탄 탈라스강 유역에서 751년에 아바스왕조의 이슬람군이 중국 당나라 군대를 격파한 후부터 10세기까지 중앙아시아에 이슬람이 확산했다. 탈라스전투는 중국의 제지술이 이슬람 세계로 전파된 계기였다. 이슬람 신비주의 종파로 금욕주의와 영적 가르침을 중시한 수피파 선교사들은 중앙아시아 선교에 앞장섰다.

우즈베키스탄의 사마르칸트는 스키타이 계열 유목민인 소그드인의 고대도시로 기원전부터 존재한 실크로드 중간 지점의 대표 도시다. 8세기부터 이슬람 도시로 성장했고 14~15세기에 티무르제국의 수도로 번영을 누리며 기념비적 건축물이 들어선 레기스탄 광장이 조성되었다. 우즈베키스탄 부하라 역시 실크로드 교차로에 위치해 이슬람 전파 이전부터 번성한 중앙아시아의 주요 도시들 가운데 하나였다. 10~11세기 이슬람 건축의 걸작으로 유명한 영묘, 장식 벽돌의 미너렛 등 기념비적 건축물과 중세 이슬람 도시 구조를 잘 보존하고 있다.

아프가니스탄의 발흐는 박트라로 알려진 고대도시로 중앙아시아에서 가장 오래된 도시 가운데 하나다. 기원전 2000년대까지 기원이 올라가고 기원전 7세기부터 페르시아제국의 공식 종교였던 조로아스터교의 발상지인데, 불교와 이슬람 사원도 많은 도시다. 이슬람이 전파된 후 아랍어로 '도시의 어머니'라는 별칭을 지니기도 했다.

이슬람교는 아랍 상인이 인도 서남부 케랄라와 서북부 구자라트 해안에서 교역을 시작한 7세기에 인도에 전해졌다. 아프가니스탄과 인도 북부에서는 10~12세기 투르크계 이슬람 왕조인 가즈니왕조와 11~13세기 고르제국이 이슬람 인도 통치의 토대를 마련했다. 1206년부터 1526년까지 존속했던 델리를 수도로 한 델리 술탄국은 몽골의 침략과 지역 왕국들의 도전에도 불구하고 인도 아대륙 전역에 이슬람 통치를 확대했다.

이슬람 문화와 인도 문화의 혼합은 인도-이슬람 건축에서 가장 두드러진다. 큰 돔, 뾰족한 아치, 아치형 천장, 미너렛, 그리고 기하학 문양 장식을 특징으로 한다. 델리의 주요 건축물로 12세기 말부터 14세기 중반까지 지어진 쿠트브 미나르는 70여 미터의 오층탑으로 아래층은 힌두, 위층은 이슬람 양식으로 만들어졌다. 이슬람 통치는 인도와 다른 이슬람 세계의 교역을 촉진해 경제적 번영을 가져왔고, 힌두교, 불교, 자이나교 등 여러 종교에 관용 정책을 펼쳤다.

동남아시아에서도 이슬람교가 확산했다. 아라비아, 페르시아, 인도의 무슬림 상인들은 7세기 초부터 동남아시아 해역에서 활발히 활동했는데, 종종 해안 지역에 정착해 현지인과 결혼하며 이슬람을 전파했다. 무슬림 상인이나 수피파 선교사와 교류한 지역 통치자들이 이슬람교로 개종한 것은 이슬람교 확산에 결정적이었다. 말레이반도와 인도네시아 수마트라섬 일부 영역에서 1400년경 설립된 믈라카 술탄국은 향신료 무역의 중심지였고 동남아 전역에 이슬람을 전파하는 허브였다. 15세기 내내 인도네시아, 말레이시아, 브루나이, 필리핀 남부 등에 이슬람교가 전파되었는데, 무슬림이 다양한 현지 문화를 존중하고 적응하며 경제와 문화에 개방적인 특성을 보였기 때문이다.

세계 경제사에서 주요 역할을 담당한 무슬림 주도의 인도양 무역은 7세기 이슬람교의 성립부터 16세기 유럽의 인도양 무역 장악까지 유지되었다. 무슬림은 중동, 남아시아, 동남아시아, 동아프리카를 연결하며 인도양 전역의 무역 네트워크를 촉진하고 확장했다. 무슬림 상인은 아랍, 페르시아, 인도의 해양 지식과 항해술을 계승하고 개선해 인도양에서 계절풍을 이용한 정기적인 항해를 가능하게 했다. 페르시아만 이란의 항구도시 시라프는 중동과 인도양을 잇는 교역로의 중요 연결고리였고, 홍해 입구에 자리한 예멘의 아덴은 12세기부터 지중해와 인도양을 오가는 상선의 경유지로 향신료, 직물, 보석 무역의 중심지였다.

동아프리카 연안의 탄자니아 잔지바르는 아프리카 내륙과 인도양 무역 네트워크를 연결하는 향신료, 상아, 노예무역 거점으로 성장했다. 인도 서남 해안에서는 캘리컷(현재 코지코드)이 무역 거점이었고, 믈라카 술탄국의 수도 믈라카(영어 말라카)는 15세기에 동남아시아에서 가장 중요한 무역항으로 향신료 무역의 요충지였다.

동아시아 도시의 성장

    중국에서 6세기 말에서 7세기 초까지 유지된 수나라는 3세기 초 이래 북방과 남방 왕조들의 분열을 종식한 통일 왕조였다. 수나라는 과거제를 통한 중앙집권 확립과 지방 행정제도 개편, 법령 정비와 도량형 표준화를 시행했다. 고대 전한의 수도 인근에 새로 건설한 수도 장안은 정치, 경제, 문화 활동의 중심지였으며 뒤이은 당나라에서도 수도로 계속 성장했다. 뤄양은 수나라의 동쪽 수도로 대운하 건설의 중심지였다. 수나라의 기념비적 국가사업이었던 대운하 건설은 북쪽의 황허와 남쪽의 양쯔강을 연결해 중국 남북 지역 간 곡물과 상품, 군대 이동을 원활하게 했다. 그러나 수나라는 대규모 토목공사와 고구려 침략이 강제하는 노역과 무거운 세금으로 민심을 잃고 당나라에 멸망했다.

7세기 초부터 10세기 초까지 존속했던 당나라는 영토 확장으로 당시 세계에서 가장 큰 제국으로 성장했고 학문과 문화 예술 분야에서 많은 업적을 남겼다. 강력한 중앙정부, 경제적 번영, 활기찬 도시 문화가 학문과 예술 활동을 장려했다. 특히 문학과 회화가 발전했으며, 이백과 두보 같은 유명한 시인들이 활동했다. 말기에는 내부 분쟁을 겪다가 몰락했고, 이후 황허 유역을 중심으로 화북을 통치했던 다섯 왕조와 화남의 10개 지방 정권이 흥망을 거듭한 오대십국의 정치적 격변기가 이어졌다.

당나라는 실크로드와 국제적인 수도 장안에 힘입어 외국 문화에 개방적이었다. 인구가 100만 명에 달했던 것으로 추산되는 장안은 범세계적 문화의 중심지로 신라의 최치원 등 아시아 전역의 학자, 상인, 승려를 모여들게 했다. 장안의 도시 건설은 《주례》〈고공기〉와 풍수 개념을 기초로 했다. 사각형에 격자 도로망으로 도시공간을 구획한 방을 110개 조성한 계획도시로, 도시를 둘러싸는 외성 벽에는 12개의 성문이 있었다. 방마다 사면에 높은 담을 둘러쌌고 밤에는 통행을 금지했다. 도시는 황제가 거주하던 황궁인 대명궁, 관공서가 있던 궁성, 민간인, 상인, 외국인이 거주하던 외성 구역 등 크게 세 구역으로 나뉘었다. 중앙에 주작대로로 불리는 남북으로 길게 뻗은 도로를 기준으로 왼편과 오른편에는 동시와 서시 두 개의 시장이 존재했다.

장안에는 권력, 부, 종교적 열정을 반영하는 궁전, 관청, 불교 사원과 탑들이 세워졌다. 연중 축제가 벌어졌는데, 가장 유명했던 정월 대보름의 등불 축제에서는 거주민과 방문객에게 볼거리를 제공한 화려한 등불 행진이 있었다. 양저우는 대운하의 남쪽 기점으로 당나라 시대에 번성한 국제적 상업 항구도시였다. 이슬람 세계, 동남아, 신라와 일본 각지에서 온 이들이 체류했고, 중국 문화가 외국으로 전파되는 창구이기도 했다.

송나라는 오대십국 시대의 혼란을 극복하며 들어섰다. 송대는 10세기 중반부터 12세기 초까지 북송과 12세기 초부터 13세기 말까지 남송으로 구분된다. 북송은 황실의 권력을 강화하고 지역 군벌을 통제하며 문민 행정을 장려했다. 과거제를 강화해 관료제를 확장했고, 농업 발전, 대운하 개선을 통한 상업망 확장, 지폐 사용 등으로 상당한 경제성장을 거두었다. 화약과 자기 나침반 발명, 목판 인쇄술 발전 등 과학과 기술 분야에서 괄목할 만한 성과가 나타났고, 시, 회화, 서예의 황금기였다. 그러나 거란족의 요나라와 여진족의 금나라에 끊임없이 위협을 당했으며 1127년에 금나라가 수도 카이펑을 점령한 정강의 변으로 북송이 멸망하고 남송이 시작되었다. 남송 왕조는 중국의 전통적 주요 영역인 중원의 통제권을 잃었음에도 해상무역을 확대하고 과학기술과 예술을 발전시키며 경제적 번영과 문화적 발전을 지속했다.

북송의 수도 허난성의 카이펑은 거대한 성벽으로 보호되었고 격자형으로 설계되었으며 교통과 배수를 위한 대로와 운하를 갖추었다. 길거리 음식과 야시장은 부유층과 서민 모두를 만족시킬 다양한 음식을 제공하며 도시를 활기차게 했다. 여가와 축제를 위해 모이는 공원을 포함한 공공장소도 많았다. 청명 봄 축제 풍속을 그린 〈청명상하도〉는 송대 카이펑 거리의 활기와 주민들의 다양한 활동을 잘 보여준다.

남송의 수도는 저장성 양쯔강 삼각주에 자리하고 대운하에 근접한 항저우였는데, 서호 등 자연과 조화를 이루며 도시 환경과 주변 경관을 통합했다. 항저우는 상업과 문화 중심지로 잘 정비된 도로와 교량을 갖추었다. 비단, 차, 도자기 및 기타 사치품을 거래하는 번화한 시장과 각종 특화상품을 제작하는 장인도 유명했다. 예술가들은 서호와 그 주변의 아름다운 경치에서 영감을 받아 문학, 서예, 회화 등 다양한 예술작품을 남겼다. 항저우에서는 교육과 학문을 위한 많은 인쇄물이 제작되었고, 찻집, 극장 같은 도시민의 여가와 사교 모임 장소가 활기찬 도시 문화를 일구었다.

카이펑과 항저우 모두 다양한 인종이 지정 구역에 거주하는 국제적인 도시로 불교, 도교, 유교, 이슬람교, 유대교까지 종교적·문화적 다양성이 존재했다. 수도 외에도 운하와 정원으로 유명한 장쑤성 쑤저우, 북적대는 국제무역 항구로 해상 실크로드 시작점으로 여겨진 푸젠성 취안저우 등 주요 도시들이 번성했다.

송나라와 갈등을 빚은 거란족의 요나라(916~1125)와 여진족의 금나라(1115~1234)는 여러 수도를 두고 북방의 광활한 영토를 지배했다. 도시계획과 도시 문화는 유목민과 중국의 전통을 혼합하는 모습을 보여주었다. 당나라 멸망 이후 거란의 여러 부족이 통합해 설립한 요나라는 발해를 멸망시켜 만주 전역을 정복했는데, 수도는 상경임황부로 현재 내몽골 츠펑이다. 군사적 요충지이자 지역적 상업 중심지로 내몽골 닝청 인근을 중경, 다딩(베이징)을 남경, 랴오닝성 랴오양을 동경, 다퉁을 서경으로 하는 군사적인 필요에 따른 5경을 두었다.

금나라는 헤이룽장성 하얼빈을 수도인 상경회령부로, 중두(베이징)을 중경으로, 북송을 정복한 후 카이펑을 남경으로 삼았다. 다문화 특성은 다양한 건축양식, 융합 예술의 번성, 도시 내 다양한 민족의 공존 모습에서 잘 드러났다. 요나라와 금나라는 한족에 대한 통치를 정당화하기 위해 중국의 전통적인 행정 체계 및 도시건축 관행을 수용했고, 유목민 전통과 관습에만 집착하지 않았으며 정착 생활에 빠르게 적응했다.

금과 남송을 모두 멸망시킨 원나라는 13세기 말부터 14세기 말까지 존속했고, 한족이 아닌 이민족이 중국 전역을 통치한 최초의 왕조였다. 몽골은 13세기 초반에 유럽 원정으로 동유럽에서 불가리아, 키예프 루스국, 분할된 폴란드 공국들, 헝가리 왕국의 일부를 장악했다. 칭기스칸의 손자 쿠빌라이칸은 원 왕조를 세워 몽골의 중국 및 유라시아 정복에 정점을 찍었다. 원나라는 몽골인과 색목인이 최상위에, 거란 및 여진과 고려인, 화북 한족, 화남 한족이 그 뒤를 잇는 민족 차등 제도를 유지했다. 무역과 군사 이동을 강화하기 위해 도로와 운하를 확장했고, 티베트 불교를 확산시켰으나 도교,

이슬람교, 기독교에도 관용을 보였다. 원대에는 도자기가 실용적인 형태로 변화했고 청화백자가 탄생했다. 원나라는 14세기 중반 한족 농민의 반란으로 쇠퇴하다가 명나라에 몰락했다.

요나라와 금나라처럼 원나라도 중국 한족의 전통 도시계획과 도시 문화를 수용해 유목민의 유산과 통합했다. 원나라의 첫 수도는 내몽골의 상두였는데, 남송을 정복한 후 다두(베이징)로 옮겼다. 도시를 둘러싸고 있는 거대한 성벽과 성문은 방어와 이동 통제를 손쉽게 했으며, 황궁이 있는 중앙의 황성 구역, 관료, 평민, 상인, 외국인을 위한 특정 구역으로 구분되었다. 도시 문화는 도시에 거주하던 중앙아시아, 페르시아, 아랍 등 몽골제국 전역의 사람들이 뒤섞인 다문화주의를 보여주었다. 다두 외에도 원나라 시대의 중요 도시로 남송의 수도였던 항저우, 남중국의 상공업과 문화 중심지였던 양저우와 쑤저우가 꾸준히 성장했다.

원 제국은 13~14세기에 상인들의 안전한 통행을 보장한 팍스 몽골리카(몽골의 평화)로 유라시아 전역에서 전례 없는 경제적·문화적 연결을 촉진했다. 이 시대는 동유럽에서 동아시아 해안까지, 시베리아에서 페르시아만까지 중국, 몽골, 중앙아시아, 중동, 동유럽 일부를 포함한 유라시아 광대한 영역에서의 상대적 평화와 안정, 상품과 사람의 자유로운 이동을 특징으로 한다. 전통적인 실크로드가 확장되어 비단, 향신료, 도자기, 귀금속 등의 상품 교환이 증가했고, 문화, 과학기술, 사상도 동서양에 서로 영향을 미쳤다. 페르시아와 아랍의 천문학이나 증류 기술이 중국에 전해졌고, 화약은 중국에서 서양으로 전파되어 유럽의 군사 기술과 전쟁에 큰 혁신을 가져왔다.

교황청과 유럽 군주들은 원 황실에 사절단을 파견했는데, 중국을 방문한 가장 유명한 서양인 중 한 명인 베네치아 상인 마르코 폴로는 여행기에서 쿠빌라이칸의 궁정에 대한 기록을 남겼다. 이 여행기는 유럽인들에게 아시아의 부유함에 대한 환상을 심어주었고, 이런 환상은 근대 초 대항해시대를 여는 한 계기로 작동했다. 사람과 물품의 이동은 질병도 확산시켰다. 아시아에서 유럽으로 교역로를 따라 이동한 흑사병은 14세기 유럽에 큰 피해를 주어 자급자족 장원경제를 기반으로 하는 봉건제가 쇠퇴하고 자본주의가 탄생하는 데 영향을 미쳤다.

고대 한국에서 존속했던 왕조의 도읍은 한국 도시의 원형적인 토대를 마련했다. 만주와 한반도의 자연환경을 활용한 산성과 토성이 많았는데, 고구려 여러 산성과 국내성 및 평양성의 도시 구조는 중국의 그것과 구분되었다. 서울 송파구의 백제 토성들은 서울의 역사성을 잘 보여준다. 고대 고구려 왕국의 수도와 묘지, 공주와 부여의 백제역사유적지구, 신라의 고도 경주의 역사지구는 유네스코 세계문화유산으로 등재되었다. 통일신라에서는 문화, 예술, 과학, 불교가 크게 발전했고, 경주에는 석굴암, 불국사, 궁궐지와 왕릉, 첨성대 등 많은 유적이 남아 있다.

10세기 초부터 14세기 말까지 고려 왕조의 수도였던 개성의 역사 기념물과 유적도 유네스코 세계문화유산이다. 만월대, 성곽, 성균관과 서원, 선죽교와 표충사, 왕릉 등은 불교, 유교, 도교와 풍수지리 개념이 융합된 도시 배치와 고려시대의 정치적 · 문화적 · 정신적 가치를 구현하고 있다. 고려는 외국과 외교 및 상업 교류가 왕성했는데, 특산품 인삼은 무슬림 상인들에 의해 세계 각지에서 팔렸고 고려의 국호 역시 동아시아를 벗어나 널리 알려졌다. 고려는 세계 최초의 금속활자 인쇄본 직지심체요절을 출판하는 등 과학기술에서도 선진적이었으나 몽골의 침략으로 어려움을 겪기도 했다.

고대와 중세 일본의 도시는 중국 및 한국과의 교류에 깊은 영향을 받았다. 간사이 지방 나라 인근에 위치한 아스카는 아스카 시대(593~710) 정치와 문화의 중심지로 한반도에서 전해진 불교문화가 자리를 잡았다. 나라 혹은 헤이조쿄는 나라 시대(710~794) 수도로《주례》〈고공기〉에 기초한 당나라 장안의 격자형 도시계획에 영향을 받아 장방형으로 건설되었으며 불교와 예술의 중심지였다.

  나라에서 북쪽으로 인접한 교토 혹은 헤이안쿄는 헤이안 시대(794~1185) 수도로 세워져 이후 천 년이 넘도록 천황이 거주한 일본의 상징적인 도시다. 역시 당나라 장안의 도시계획을 따랐고 세련된 궁정 예법, 문학, 예술로 유명한 헤이안 문화의 중심지로 번성했다. 간토 지방 가나가와현 가마쿠라는 가마쿠라 막부 시대(1185~1333년) 정치 중심지로, 도시는 군사적·행정적 필요성을 반영했고 사찰과 신사를 중심으로 유기적으로 개발되었다.

유럽 중세 도시의
자치운동

　5세기에 서로마제국이 멸망하고 이어진 혼란으로 서유럽에서 도시가 쇠락할 때, 콘스탄티노폴리스는 고대도시의 마지막 보루였다. 4세기에 로마 황제 콘스탄티누스가 비잔티움에 건설한 이 새로운 도시는 1453년 오스만튀르크에 함락될 때까지 동로마제국의 수도였다. 이 도시는 유럽과 아시아를 잇고 지중해와 흑해 통로를 통제하는 경제·문화·군사적 요지에 자리했다. 5세기에 육로 공격을 방어하기 위해 건설된 테오도시우스 성벽은 삼중으로 천 년이 넘도록 도시를 지키는 데 기여했다. 대로에서 작은 거리까지 위계질서에 의해 조직된 도로는 주요 공공장소와 기념물을 연결했고, 수로와 대형 지하 저수조를 포함하는 상수도 체계를 갖추었다. 전차 경주나 각종 행사로 많은 군중을 모이게 한 히포드롬은 정치와 사회생활의 장소였다.

콘스탄티노폴리스에는 웅장한 기념비적 건축물이 대거 들어섰다. 6세기 유스티니아누스 황제가 건설한 '성스러운 지혜'를 뜻하는 하기아 소피아 성당은 돔과 모자이크 장식으로 비잔틴 건축양식의 기준이 되었다. 동로마제국 황제의 거처는 11세기까지 하기아 소피아 인근 콘스탄티노폴리스 대궁전, 11세기 후반부터는 블라헤르네 궁전이었으며, 통치와 의례의 상징적인 장소였다. 6세기에 50만 명의 인구를 지닌 콘스탄티노폴리스는 중세 유럽에서 가장 큰 도시였다.

로마제국 시기에 발전했던 도시는 서로마 멸망 이후 서유럽의 혼란기에도 주교좌 교회나 수도원이 있는 종교 중심지로 도시 생활의 틀을 유지했고 키비타스로 알려졌다. 로마제국에서 자치도시 시민을 지칭하던 키비타스는 중세에 고대부터 존재했던 도시의 법적·행정적 실체를 뜻하게 되었다. 이들 도시에서는 처음에는 교회와 성직자가 교육과 문화에서 중심적인 역할을 했는데, 점진적으로 경제의 중심지로 성장하며 상공인의 활동이 중시되었다.

유럽 중세 도시의 또 다른 기원은 성벽으로 둘러싸인 요새화한 정착지를 뜻하는 부르고스다. 8~9세기 카롤루스제국 시기부터 등장했는데, 처음에는 전략적 방어 목적으로 설립되었다가 점차 상업 중심지로 발전했다. 세속 영주나 귀족의 통제 아래 성벽 내에서 보호받는 시장이 성장하며 성벽 내 거주민의 활동이 중요해졌다. 프랑스어로 부르주아는 부르고스에 사는 사람, 즉 상공인을 의미한다. 유럽 도시 명칭에 부르크, 베르크, 부르, 버러 같은 용어가 있는 곳은 해당 도시의 부르고스 기원을 보여준다.

유럽 중세 도시는 내부적 안정 지속과 농업생산성 향상, 원거리 무역 재개와 십자군전쟁으로 상품 교환 경제가 활성화된 11~13세기 중세 성기에 크게 발전했다. 도시가 수공업 생산, 시장, 행정 중심지로 성장하면서 부유한 상인과 은행가, 중간 계층 장인과 상인, 하층 노동자와 빈민층으로 사회적 계층 분화도 나타났다. 도시 사회 계층의 최상위에 자리한 부유한 상인과 은행가는 원거리 무역, 환전, 도시에 필요한 자금 조달에 관여하며 도시 경제를 지배하기 시작했고 점점 정치적 권력을 확보했다. 장인은 지역 소비와 수출을 위한 상품을 생산하며 도시 경제의 중추적인 역할을 담당했고, 상점 주인과 소규모 상인은 일상생활에 필수적인 상품과 서비스를 제공했다.

장인이나 상인 조합인 길드는 도시 내 생산을 규제하고, 품질 기준과 가격을 정하고, 직인 관리와 견습생 훈련으로 경제를 통제했다. 길드는 도시 영주나 시 행정 당국과 협상으로 일부 행정 업무를 맡아 정치적 영향력도 행사했고, 질병, 장애, 노령 및 유가족 지원 같은 회원 복지 서비스도 제공했다. 길드는 종교 행진과 축제, 수호성인 예배당이나 제단 건립 지원으로 도시 공동체 문화 발전에도 공헌했다.

이탈리아어로 코무네, 프랑스어로 코뮌이라 불린 자치도시의 등장과 성장은 사회 · 정치적 발전의 중요한 단계였다. 이것은 봉건 및 교회 당국으로부터 도시가 자유를 획득했음을 뜻한다. 11~12세기 중북부 이탈리아, 프랑스, 플랑드르, 신성로마제국에서 여러 도시 공동체의 경제력과 정치적 자각이 커진 것이 주요 동력이었다. 경제활동 증가로 도시가 성장함에 따라 상인, 장인, 기타 도시민은 종교적 · 세속적 봉건 영주로부터 자신들의 이익을 보호하고 자유를 확보했다.

코뮌의 기본 원칙은 구성원들이 서로의 권리를 옹호하고 도시 업무를 공동으로 관리하기 위해 서약하는 것이었다. 이들은 봉건 영주, 주교 또는 군주와 협상을 통해 도시 내 법관과 행정관 선출, 법령 제정, 세금 징수와 운영 등의 자치권을 인정하는 헌장을 획득했다. 코뮌은 시의회와 같은 자치 기관을 설립하고 운영하며 치안, 사법, 경제 규제 등 도시 생활의 다양한 측면을 관리하고 감독했다.

자치도시는 전통적인 봉건 질서에 도전하며 도래할 자본주의와 민주주의의 씨앗을 뿌렸다. 벨기에 역사가 피렌은 1927년에 출간한 《중세 도시: 기원과 무역의 부흥》에서 11세기부터 무역이 부흥해 상업과 자치의 중심지인 도시가 부상했고, 띄엄띄엄 섬처럼 존재했던 도시가 봉건제 종식에 기여했다고 주장했다.

독일의 사회학자 막스 베버는 20세기 초에 유럽 중세 도시의 이상적인 형태와 특성을 분석하며 독특한 사회, 경제, 정치 구조를 강조했다. 그의 분석은 도시 자율성의 출현, 부르주아의 역할, 자본주의 경제의 뿌리를 이해하는 데 도움을 준다. 베버는 먼저 물리적 요새화의 중요성에 주목했는데, 성벽은 외부 위협에 대한 방어를 제공하며 도시 자치권과 시민의 집단적 책임을 상징하기도 했다. 시장의 발전은 상인과 장인을 끌어들여 도시의 성장과 경제적 번영에 기여했다. 어느 정도의 법적 자율성을 확보한 도시는 자체 법령을 제정하고,

자체 법정으로 사법을 집행하는 자치를 통해 도시민의 자유를 보호했다.

장인과 상인 길드를 포함한 결사체 형성은 시민에게 사회적·경제적 지원을 제공했으며 도시 당국 및 봉건 영주와의 협상에서 집단적인 이익을 대변했다. 정치적 자율성을 위한 투쟁과 성취로 도시민은 봉건 또는 교회 권위로부터 독립적으로 선출된 의회와 행정부를 등장시켰다. 고대부터 세계 곳곳의 도시들은 성벽과 시장을 갖추었으며, 인도와 중국의 장인 공방이나 상단도 일종의 결사체이기에, 유럽 중세 도시의 고유한 특성은 전적으로 법적·정치적 자율성에 기반을 둔 자치에 있었다.

11세기부터 근대 초기까지 점차 활성화된 지중해 무역은 유럽의 경제 및 문화 발전에 중요한 역할을 했다. 거래된 상품은 아시아의 향신료, 비단과 면직물, 귀금속 장신구, 아프리카의 금, 유럽의 양모, 목재 및 식료품 등이었다. 지중해는 동서양을 연결하는 무역로의 대동맥 역할을 했고 유럽과 이슬람 세계의 육로가 이를 보완했다.

지중해 무역에 종사한 이탈리아 도시들은 도시국가로 성장했다. 이들은 무역을 통해 축적된 부를 기반으로 금융 체계를 발전시켰고, 고대 그리스와 로마 유산을 지닌 동로마제국과 이슬람 세계로부터 지식과 문화예술을 유입해 르네상스가 등장하는 데 이바지했다. 아말피는 지중해 무역의 초기 선두주자로 비잔틴 및 이슬람 세계와 최초로 무역로를 개척해 향신료, 직물, 필사본 등을 취급했다. 제노바는 흑해와 북아프리카 모로코 연안, 심지어는 대서양 연안의 저지대 국가까지 무역로를 개척했으며 양모, 곡물, 은 세공품 무역에서 두각을 나타냈다.

가장 유명한 도시국가는 베네치아로, 지중해 동부의 항로를 통제하는 무역 제국을 건설해 동로마제국과 협정을 맺고 아시아로의 접근성을 확보했다. 베네치아 상인들은 향신료, 비단, 귀금속 무역에 중요한 역할을 했다. 7세기 말에 수립된 베네치아공화국은 9세기부터 12세기까지 강력한 해양 제국으로 발전했다. 아드리아해에 자리한 도시는 강력한 해군을 바탕으로 동로마제국 및 이슬람 세계와의 무역 중심지가되었다. 베네치아는 무역 특권을 부여받은 동로마제국과 긴밀한 관계를 유지했으나 13세기 초 제4차 십자군전쟁을 이용해 콘스탄티노폴리스를 장악하기도 했다. 동로마제국은 반세기 후 콘스탄티노폴리스 통제권을 회복했으나 세력이 크게 위축되어 15세기 중반에 몰락했다.

베네치아는 13세기 유럽에서 가장 번영한 도시였다. 도시는 주요 가문들이 구성한 대규모 공의회가 지배했고 그 구성원 중에서 선출되는 도제라는 최고통치자가 행정을 담당했다. 아드리아해 석호에 운하로 분리되고 다리로 연결된 일련의 섬으로 구성된 베네치아는 과두제 공화정뿐 아니라 전문 사업 구역, 선박 건조와 군수품 생산, 유리 제조업에 종사하는 이들의 고유한 거주 공동체로도 유명했다.

도시를 상징하는 것은 성인 마르코를 보호하는 '날개 달린 사자' 다. 10세기에 베네치아 상인이 알렉산드리아에서 산마르코의 유해를 가져오면서 산마르코가 도시의 수호성인이 되었고 베네치아는 나날이 발전했다. 베네치아공화국이 크게 강성해진 13세기부터 날개 달린 사자는 베네치아공화국의 공식 상징물로 화폐, 문서, 깃발, 건축 장식에 널리 사용되었다. 건축은 동로마제국의 영향을 많이 받았는데, 화려한 모자이크 및 돔을 지닌 산마르코 대성당은 전형적인 비잔틴 양식이었다.

북유럽에서는 북해 무역이 12세기 후반에 등장해 15세기까지 번성했다. 발트해 연안과 스칸디나비아반도의 청어, 모피, 목재, 호밀과 서유럽의 소금, 천, 포도주, 각종 공예품이 주요 거래 품목이었다. 북해 무역을 주도한 것은 상인 길드와 시장 도시의 강력한 연합체인 한자동맹이었다. 한자동맹은 상호 이익 보호를 위한 상인들의 협동조합으로 시작해 상당한 정치적인 힘을 가진 자율적 도시 네트워크로 발전했다.

독일의 뤼벡은 발트해 중심 항구로 한자동맹 도시들과 다른 유럽 국가들 사이 무역을 주도했고, 함부르크는 엘베강을 따라 북해와 유럽 내륙을 연결했다. 폴란드 그다인스크는 한자동맹의 발트해 동부 전초기지였고, 플랑드르의 브뤼허는 가장 서쪽 지점으로서 영국, 프랑스, 이베리아반도로 향하거나 도착하는 화물의 집산지였다.

프랑스 샹파뉴 지방의 중소 도시들은 샹파뉴 백작의 보호 아래 정기시장을 운영하며 지중해 무역과 북해 무역의 교차로 역할을 했다. 플랑드르의 직물, 동양의 향신료와 사치품, 스칸디나비아와 러시아의 모피, 프랑스 와인 등 다양한 상품의 교환을 촉진하며 12~13세기에 번성했던 샹파뉴 정기시장은 지중해에서 북유럽으로 가는 해상로가 생기고 14세기 프랑스와 잉글랜드의 백년전쟁에 따른 혼란으로 쇠락했다.

유럽의 중세와
르네상스 도시 문화

    유럽의 학문과 문화 발전을 선도한 대학은 11세기 후반과 12세기에 등장했다. 대학은 진리 탐구 및 성직자와 학자 양성의 필요성에서 생겨났으며, 중세 봉건 왕권과 도시 경제의 성장에 부응하는 행정 관료와 전문가 수요가 증가함에 따라 계속 발전했다. 대학은 교황, 황제 또는 군주로부터 헌장을 받아 학위 수여 권한을 비롯한 다양한 권리와 특권을 누렸다. 자율성과 독립성은 학문의 자유를 발전시키는 데 결정적인 역할을 했다. 1088년에 세워진 이탈리아 볼로냐 대학교는 세계에서 가장 오래된 대학으로 인정되며 법학 연구로 명성을 떨쳤고 이후 유럽 대학들의 모델이 되었다. 12세기 초에 설립된 파리 소르본 대학교는 신학 및 철학 연구의 중심지로 중세 스콜라철학 발전에 큰 영향을 미쳤다. 영국 옥스퍼드와 케임브리지, 독일 하이델베르크, 스페인 살라망카도 대학 도시로 성장했다.

중세 초기 서유럽의 교회 건축물은 바실리카 양식이었다. 고대 로마에서 법정이나 공적 모임에 사용된 대형 공공건물을 뜻한 바실리카는 기독교 예배에 맞게 부분적으로 변형되어 서유럽 각지에 세워진 교회에 적용되었다. 직사각형 평면에 양쪽에 통로가 있는 긴 중앙 본당이, 제단 끝에서 본당을 가로질러 십자가 모양을 이루는 공간이 양쪽으로 존재했고, 벽면에는 흔히 성서 장면을 묘사한 프레스코화가 그려졌다.

11세기 초에 남유럽에서 등장한 로마네스크 양식은 '로마다운'이라는 뜻으로 낮은 높이, 두꺼운 벽, 반원형 아치 활용에 따른 견고함을 특징으로 했다. 출입구 주변은 부조 조각으로 장식되었고, 작은 창문으로 실내가 어두웠다.

북유럽의 '고트족다운'이라는 뜻의 고딕 양식은 12세기 중엽 파리 근교와 북부 프랑스에서 등장했다. 로마네스크 양식보다 높은 높이와 큰 창문을 허용하는 뾰족한 아치를 사용하며 둥근 천장으로 무게를 효율적으로 분산해 대형 채색유리창 설치를 가능하게 했다. 실내는 로마네스크 양식보다 밝았고 외부에 설치된 지지대는 벽을 얇고 높게 세울 수 있게 해주었다. 파리 노트르담 성당처럼 주요 도시의 대성당은 고딕 양식으로 하늘로 높게 쏟은 수직적 위용과 정면(파사드) 조각 장식의 화려함으로 도시의 번영을 뽐냈다.

파리는 12세기 후반부터 15세기까지 서유럽에서 가장 중요한 정치, 경제, 종교, 학문의 중심지였다. 프랑스 카페왕조의 왕들은 12~13세기에 센강 우안 성벽을, 14세기에 좌안 성벽을 쌓았다. 우안에 루브르궁, 좌안에 소르본 대학교, 파리의 기원인 센강 시테섬에는 노트르담 성당, 왕실 예배당, 구빈병원, 고등법원 등이 12~13세기에 건설되기 시작했다. 우안에 중앙 시장으로 조성된 레알 시장은 생토노레 거리와 함께 중요한 상업 거점이었다. 14세기 중엽에는 시장에 해당하는 상인 대표 에티엔 마르셀이 우안에 시청사를 건립했다.

런던도 1066년 노르만의 잉글랜드 정복 이후 도시가 발전했다. 고대 로마 도시였던 시티 구역 동쪽에 요새 궁전인 런던탑이, 시티 구역 서쪽에 웨스트민스터 홀이 건설되었다. 상인과 장인의 경제활동이 집중된 시티 구역에는 화재에 불탄 예전 교회를 대체하는 고딕 양식의 세인트폴 성당이 새로 건립되었다.

그러나 중세 도시 문화의 활력이 가장 두드러진 곳은 베네치아, 피렌체, 로마 등 이탈리아 도시들이었다. 이탈리아 도시들에서는 14~15세기에 중세에서 근대로의 전환을 알리는 르네상스가 등장했다. 이탈리아 외 다른 서유럽 국가들에서는 16세기가 르네상스 시대였다. 프랑스어로 부활을 의미하는 르네상스는 중세에 서유럽에서 사라졌던 그리스 로마의 학문과 예술, 문화적인 활력이 다시 등장했음을 말한다. 이탈리아 피렌체를 비롯해 여러 도시에서 14세기부터 페트라르카, 보카치오 등 인문주의자들이 왕성한 저술 활동을 했고, 15세기 콘스탄티노폴리스가 이슬람 세계에 속하게 되자 많은 동로마제국 학자가 이탈리아로 건너와 고전 학문의 전통을 전했다.

인간의 가치를 고양하는 르네상스 인문주의는 그리스, 로마의 고전을 재발견하며 중세의 신 중심적 세계관에서 인간 중심적 세계관으로 변화를 촉진했다. 스위스 역사학자 부르크하르트는 1860년에 출간한 《이탈리아의 르네상스 문화》에서 르네상스를 한마디로 '인간과 세계의 발견'으로 규정했고 개인주의, 세속주의, 합리적인 사유를 중시하는 근대의 시작이라고 강조했다. 한편 20세기 중반 전문 중세사 연구자들은 르네상스를 중세의 경제적 · 문화적 활력의 정점으로 해석했다. 새로운 시대의 시작이든 앞 시대의 정점이든 두 해석은 공통적으로 이탈리아 중세 도시의 활력을 강조했다.

르네상스를 대표하는 도시는 피렌체다. 이 도시는 12세기 초 코무네 운동으로 공화국이 되었고 모직물 생산으로 발전했다. 14세기 중반 흑사병의 피해를 빠르게 극복했고, 15세기에 은행가 메디치 가문이 도시를 통치했다. 메디치 가문은 보티첼리, 다빈치, 미켈란젤로 등의 예술가와 플라톤 아카데미 같은 인문학 기관을 후원해 문화예술을 크게 발전시켰다.

15세기 말 프랑스가 피렌체를 침입한 이후에는 예술가들이 로마로 옮겨가 피렌체의 예술과 인문학 활기가 점차 줄어들었다. 메디치 가문이 피렌체를 통치하기 이전에 상인 길드는 대성당 건축을 후원해 브루넬레스키가 돔 지붕과 초록과 분홍 대리석 벽면을 지닌 르네상스 건축의 걸작으로 평가받는 산타마리아델피오레 성당을 설계했다. 높은 시계탑을 지닌 시청사 베키오궁은 13세기 말 피렌체공화국의 청사로 건립되었다. 바로 앞 시뇨리아 광장에 16세기 초에 세워진 미켈란젤로가 조각한 다비드상은 외세의 간섭을 극복한 도시국가 피렌체의 독립과 영광을 과시했다. 16세기에 토스카나 대공이 된 메디치 가문 출신 피렌체 통치자를 위해 건립된 '사무실'이라는 뜻의 우피치궁은 현재 르네상스 시기의 걸작 예술품을 전시하는 우피치 미술관으로 사용되고 있다.

르네상스 시대 베네치아에서는 티치아노, 틴토레토 등 생생한 색채와 빛으로 유명한 베네치아 화파가 주목받았고, 밀라노, 우르비노, 만토바 궁정과 로마 교황청도 예술가들을 후원했다. 16세기 초 교황의 요청과 지원으로 라파엘로는 바티칸 사도궁에 〈아테네학당〉 등 프레스코 벽화를, 미켈란젤로는 바티칸 교황 관저 안 시스티나 예배당 천장에 구약성서 이야기를 연작으로 표현한 프레스코화와 제대 뒤 벽면 프레스코화 〈최후의 심판〉을 그렸다. 미켈란젤로는 16세기 초에 착공된 바티칸의 성베드로 대성전 건축에 참여했고 대성전에 〈피에타〉 조각상도 남겼다.

기원전 1세기 비트루비우스가 쓴 건축서는 15세기에 재발견되었고, 조화와 비례, 건축과 환경의 통합 중요성을 강조하는 책의 내용은 건축뿐 아니라 이상적인 도시에 대한 르네상스적 사고를 형성하는 데 영향을 미쳤다. 16세기 초 모어는 《유토피아》에서 르네상스 인문주의 이상을 구현하는 도시와 사회질서를 제시했다.

近대세계체제와 도시 네트워크

근대세계체제와
유럽의 도시 발전

대항해시대로 일컬어지는 장기 16세기(15세기 말부터 17세기 초까지) 유럽은 적극적인 해양 활동으로 식민 제국을 건설해 세계의 경제 및 문화 교류를 촉진했다. 대항해의 배경으로는 전통적인 동서 교역의 변화가 흔히 언급된다. 1453년 동로마제국이 오스만튀르크에 멸망해 육로로 동양의 향신료와 사치품을 구하는 것이 이전보다 어려워졌기에 유럽인들은 새로운 해상 무역로를 찾고자 했다.

이베리아반도에서 영토 재정복 운동으로 무슬림을 몰아낸 포르투갈과 스페인은 기독교를 전파한다며 신항로 개척과 탐험에 나섰는데, 부유해지려는 경제적 욕망이 더 강했다. 포르투갈이 1488년에 아프리카 남단 희망봉에 도달하자 스페인도 1492년에 이슬람의 마지막 근거지 그라나다를 함락하자마자 콜롬보의 항해를 후원했다. 콜롬보는 대서양 횡단으로 도착한 카리브해 섬들이 인도라고 생각해 원주민을 인디언으로 지칭했는데, 얼마 뒤 신대륙임이 알려졌다.

스페인의 아메리카 개척은 포르투갈과 갈등을 빚었고, 두 나라는 1494년 토르데시아스조약으로 이를 해소했다. 그 결과 스페인은 중앙 및 남아메리카 대부분을, 포르투갈은 브라질을 차지했다. 인도양에서는 포르투갈이 1498년 아프리카를 돌아 인도에 도착한 후 무역 거점들을 세우고 아시아 해상 제국을 형성했다. 유럽인의 도착 이후 중앙 및 남아메리카에는 천연두가 창궐해 인디언 인구가 급감했다. 이에 노예무역으로 아프리카에서 아메리카로 흑인이 대거 유입되었다. 19세기 노예무역이 폐지되기 전까지 대서양에서는 유럽 공산품, 아프리카 노예, 아메리카의 원자재 사이 삼각무역이 이루어졌다. 멕시코에서 필리핀으로 오는 태평양 항로가 개척되자 유럽이 주도하는 인도양, 대서양, 태평양 교역 네트워크가 구축되었다.

미국의 사회학자 월러스틴은 1970년대에 근대세계체제 이론을 주창하며 유럽이 대항해로 자본 축적에 초점을 맞춘 단일한 세계경제를 창출했다고 분석했다. 세계체제로서 자본주의는 자본의 끝없는 축적과 글로벌 분업으로 중심부, 반주변부, 주변부 지역 간의 불평등한 경제적 · 정치적 관계를 강제했다.

인도양 무역에서 축적되는 부는 포르투갈의 수도 리스본에 제로니무스 수도원과 벨렝탑 같은 화려한 건축물 건립을 가능하게 했다. 스페인의 세비야도 아메리카 무역의 독점 항구로 번창했으나 과달키비르강의 침식과 퇴적으로 큰 범선의 출입이 어려워지면서 쇠퇴했다. 스페인은 무적함대가 잉글랜드에 격퇴당한 16세기 말 이후 대서양의 제해권을 상실했다.

네덜란드, 영국, 프랑스는 카리브해와 북아메리카에 진출했고 아시아에서 포르투갈을 대체하며 국제 교역을 확대했다. 이로 인해 서유럽의 대서양 항구들이 빠르게 성장했다. 영국에서는 브리스톨이 대서양 삼각무역 초기에 큰 혜택을 받았고 18세기에는 리버풀이 노예무역의 주요 항구로 번창하며 산업도시로 발전해갔다. 프랑스에서는 보르도와 낭트가 대서양 무역의 주요 항구로 성장하며 카리브해 식민지의 사탕수수와 커피 같은 일차산품 무역에 관여했다. 저지대 국가에서는 안트베르펜이 16세기에 아메리카와 아시아 상품의 유통 중심지였으나 네덜란드 독립전쟁 중에 스페인에 의해 도시가 약탈당하고 파괴된 이후 암스테르담이 그 역할을 떠맡았다.

암스테르담은 작은 어촌 마을에서 13세기에 암스텔강에 둑을 쌓으며 중세 도시로 성장하기 시작했다. 17세기에 네덜란드 동인도회사가 아시아 무역을 주도했고 서인도회사가 아메리카와 아프리카 무역을 촉진하면서 암스테르담은 '세계의 창고'라 지칭되었고 유럽에서 가장 부유한 도시가 되었다. 네덜란드는 1648년에 스페인으로부터의 독립을 인정받은 후 국력이 더 강해졌다. 17세기는 영국이 내전과 혁명을 겪고 있었고 프랑스는 루이 14세가 유럽 내부 문제에 더 관심을 보였기에 네덜란드가 세계 무역을 좌우하는 '네덜란드 황금시대'였고, 수도 암스테르담은 나날이 번영했다. 17세기에 인구가 20만여 명에 도달하자 도시는 물리적으로 팽창해 헤렌흐라흐트(통치자 운하), 카이저스흐라흐트(황제 운하), 프린센흐라흐트(공작 운하)가 건설되고 부유한 상인의 저택들이 들어섰다.

암스테르담에서는 세계 최초로 증권거래소가 등장했고 부의 축적을 통한 신분 상승도 활발했다. 강렬한 명암 대비로 바로크 회화의 대표작 가운데 하나인 렘브란트의 〈야경〉은 당시 암스테르담 시민 민병대의 야간 도시 순찰 장면을 화폭에 담았다.

영국은 1688년 명예혁명으로 정치적·사회적 안정을 확립한 후 제국으로 발전했다. 이에 국제무역에서 네덜란드의 역할은 감소했고, 자연스럽게 근대 상업 자본주의의 중심지도 암스테르담에서 런던으로 옮겨갔다. 17세기 초에 20만여 명이던 런던 인구는 18세기 초에 60만여 명에 달했다. 런던은 고대 로마 시대부터 중세까지 도심이던 경제 중심지 시티 구역을 넘어 정치와 행정의 중심지인 웨스트민스터 구역으로 확장되었다. 1666년에 발생한 런던 대화재는 중세 도시 구조를 파괴했고, 건축가 크리스토퍼 렌의 재건 계획에 따라 시티 구역에는 세인트폴 교회가 재건되는 등 웅장한 석조 건축물이 대거 들어섰다. 런던의 경제와 문화 성장은 눈부셨다. 18세기 중엽 최초의 근대적인 영어사전을 편찬한 새뮤얼 존슨은 "누군가 런던에 싫증이 난다면 그는 삶 자체에 싫증이 난 것"이라며 런던의 활력에 찬사를 보냈다.

중산층인 젠트리와 상공인은 영국 혁명의 주인공이었다. 스튜어트왕조의 찰스 1세가 의회 승인 없이 과세하자 의회는

1628년 '권리청원'을 제출해 의회의 과세 동의권을 주장했다. 이에 국왕은 의회를 해산하고 국교회를 강요했는데, 잉글랜드와 스코틀랜드 내전이 발생하자 다시 의회를 소집했다. 의회는 국왕과 격하게 대립했고, 왕이 주요 의원을 체포하려 하자 런던시가 이들을 보호했으며, 1642년부터 의회파와 왕당파 사이 내전이 발발했다. 의회에는 상업적 농업으로 부를 축적하며 토지 소유를 넓혀나간 지주층 젠트리가 대거 진출해 있었다. 청교도가 많았던 젠트리는 상공업자와 경제적 이해관계가 일치했기에 런던의 상공인은 의회파 군대를 지원했다.

　내전에서 승리한 의회파는 1649년 찰스 1세를 처형해 공화국을 선포했고 젠트리 출신 군 지도자 크롬웰이 호국경으로 국가를 통치했다. 그러나 호국경 직의 세습으로 국민 불만이 커져 찰스 2세의 왕정복고가 이루어졌고, 다음 왕위에 오른 그의 동생 제임스 2세는 가톨릭을 옹호하며 자의적으로 통치했다. 이에 의회는 제임스 2세의 딸 메리와 그녀의 남편 네덜란드 총독 오라녜 윌리엄을 1688년에 공동 국왕으로 추대했다. 피를 흘리지 않고 이룩한 이 '명예혁명' 1년 뒤 의회는 '권리장전'을 제정해 입헌군주제와 의회민주주의를 확립했다.

의회민주주의를 확립한 영국과 달리, 17세기와 18세기 유럽 대륙에서는 군주의 절대주의 통치가 두드러졌다. "짐이 국가다"라는 프랑스 루이 14세의 말은 절대주의의 본질을 요약한다. 왕권신수설로 강화된 왕권은 상비군을 유지하고 중앙집권적 관료제를 확립했으며 조세를 수취했다. 절대주의 왕권은 수도를 정비하고 기념비적 건축물을 세우면서 위엄과 영광을 표출했다. 루이 14세는 파리 도심의 튈르리궁을 확장하며 샹젤리제 거리를 조성했고 파리 인근에 웅장하고 화려한 베르사유궁을 건립했다. 17세기에 프랑스가 군사적·외교적으로 유럽 대륙의 패권국가가 되자 유럽의 다른 군주들은 앞다퉈 프랑스를 따라 했다.

브란덴부르크 변경 백국과 프로이센공국이 결합해 1701년에 탄생한 프로이센왕국에서는 18세기 중엽 프리드리히 대왕 시기 절대주의 통치가 공고해졌다. 프로이센의 절대주의는 군사적 효율성, 엄격한 행정, 국가 이익 증진을 특징으로 했다. 중세 도시로 기원해 서서히 발전하다가 17세기 전반기 30년전쟁으로 황폐해졌던 베를린은 프로이센왕국의 수도가 되어 다시 성장했다. 18세기에는 베를린의 샹젤리제로 지칭되는 운터덴린덴 거리가 조성되고 도서관, 오페라 극장, 교회, 왕궁 등 기념비적 건축물이 건립되었다.

오스트리아에서도 18세기 마리아 테레지아와 요제프 2세 통치 아래 왕권이 강화되었고 수도 빈에 쉰브룬궁, 벨베데레궁과 여러 성당이 건축되었다. 스페인도 절대주의를 추구했고, 17세기에 수도 마드리드는 정치와 문화예술의 중심지로 성장했다. 러시아는 표트르 대제가 1703년 새로운 수도 상트페테르부르크를 건설해 본격적인 서구화를 추진했다. 네바강 하구에 세워진 이 도시는 여러 섬과 운하로 '북유럽의 베네치아' 라는 별칭을 얻었다.

절대주의 국가의 수도에 건립된 대부분의 기념비적 건축물은 16세기 말에 등장해 18세기 초까지 유행한 바로크 양식이다. 바로크 건축은 빛의 극적인 사용, 풍부한 장식, 웅장한 규모, 역동적인 형태로 절대주의 군주의 힘과 영광을 표출하기에 유용했다. 바로크 도시계획은 광장과 궁전 같은 중심지에서 직선으로 뻗어 나가는 도로를 통해 질서 있는 웅장한 조망을 확보하는 데 중점을 두었다. 16세기 바티칸의 성베드로 대성전과 광장, 17세기 베르사유궁과 마드리드의 마요르 광장, 18세기 빈의 카를 성당이 바로크 건축과 도시계획의 대표적인 사례다.

강력한 왕권이 채택한 중상주의 정책으로 꾸준히 성장한 부르주아는 왕권을 견제하며 언론출판과 사상의 자유를 증대시켜 갔다. 독일의 사회학자 하버마스는 17세기와 18세기 런던과 파리의 커피하우스와 카페에서 부르주아 공론장이 등장했다고 주장했다. 공론장에서 부르주아는 합리적·비판적 토론을 수행했고, 자유롭게 정치와 경제 문제를 논의하며 여론을 형성했다. 공론장은 포용성과 평등 원칙에 의해 모든 시민에게 개방적이었고 신문과 잡지 같은 인쇄 매체의 등장으로 더 촉진되었다. 대저택 응접실인 살롱에서 초대한 귀족들 및 예술가들과 소규모 연회를 즐겼던 귀족의 살롱 문화는 신분에 연계된 폐쇄적인 문화였으나 커피하우스나 카페에서의 자유로운 토론과 사교는 신분에 구애받지 않았다.

17세기 영국 혁명을 전후로 영국과 프랑스에서는 근대 신문과 잡지가 발간되기 시작했다. 왕권의 허가제나 검열에도 불구하고 인쇄물을 통한 지식과 정보의 확산은 개방적인 도시 문화를 더욱 발전시켰다.

도시의 지적 자유로움은 계몽사상으로 꽃을 피웠다. 이성의 시대로 알려진 17세기 후반과 18세기에 프랑스에서 크게 발전한 계몽사상은 군주제, 귀족, 교회와 같은 전통적인 권위에 문제를 제기하며 이성과 과학, 경험적 증거를 지식의 주요 원천으로 옹호했다. 계몽 사상가들은 이성적인 사고를 통해 인간이 우주, 사회, 도덕에 대한 진리를 파악하고 세상을 바르게 이해하며 사회 문제를 해결할 수 있다고 믿었다. 언론 출판과 사상의 자유, 관용, 평등과 천부인권도 강조했다.

계몽사상의 중심지였던 파리의 시민은 자유, 평등, 우애를 내세운 프랑스혁명에서 핵심적인 역할을 했다. 재정난 해소를 위해 왕이 소집한 전국신분대표자회(삼부회)에서 특권층인 제1신분 성직자와 제2신분 귀족에 맞서 제3신분회는 스스로 국민의회로, 제헌의회로 명칭을 변경하며 왕권을 제약할 헌법 제정을 결의했다. 왕이 이를 제어하려는 움직임을 보이자 파리의 급진적인 시민들은 1789년 7월 14일 바스티유 감옥을 장악하며 혁명의 본격적인 시작을 알렸다. 1791년 9월 제정된 입헌군주제 헌법을 무력화한 1792년 8월의 왕권 정지 선언과 9월 제1공화정 탄생을 주도한 이들도 파리의 급진적 시민인 상퀼로트였다.

아메리카와 오세아니아의
도시화

아메리카 대륙에는 1492년 콜롬보의 항해로 유럽인들이 도착하기 전에 오랜 문명과 문화가 존재했다. 중앙아메리카에는 기원전 15세기 무렵부터 기원전 4세기 무렵까지 멕시코만 연안에 거대한 머리 조각상을 남긴 올멕 문명이 존재했다. 2세기 중엽부터 17세기까지는 정교한 문자 체계, 피라미드 같은 기념비적 건축물, 천문학과 수학 지식에 기초한 복잡한 달력 등으로 유명한 마야 문명이 유지되었다.

14세기부터 15세기까지는 마야를 일부 흡수한 아즈텍 문명이 멕시코 중부에서 번성했다. 남아메리카에서는 기원전 10세기에서 서기 2세기까지 페루 북부 안데스 고원에 존재했던 차빈 문화가 기념비적인 건축물을, 1세기에서 7세기에 페루 해안가에 존재했던 모체 문화가 정교한 도자기나 금속 장신구, 태양과 달의 신전 같은 기념비적인 흙벽돌 구조물을 남겼다. 페루 남부의 나스카 문화는 1세기부터 8세기까지 존속하며 유명한 나스카 지상화를, 볼리비아의 티티카카 호수 근처의 티와나쿠 문명은 5세기에서 10세기까지 존속하며 피라미드와 태양의 문 같은 기념비적인 건축물을 남겼다. 유럽인이 도착할 당시 아메리카에서 가장 큰 제국이었던 잉카제국은 15세기와 16세기 남아메리카 서부 전역을 통치했다. 북아메리카에도 푸에블로 문화와 미시시피 문화 등이 존재했는데, 사회조직과 구조는 중앙아메리카와 남아메리카에 비교해 덜 정교했다.

과테말라의 티칼은 마야 도시 중 가장 대규모로 동쪽과 서쪽에 거대 피라미드가, 북쪽과 남쪽에 궁전 및 신전 단지가 자리를 잡은 대광장이 존재한다. 온두라스의 코판은 정교하게 조각된 비석과 도시의 역사와 통치자를 언급하는 상형문자 계단으로 유명하다. 멕시코의 팔렝케에는 많은 상형문자 비문이 새겨진 비문 신전, 천문 관측 탑이 있는 궁전 단지 유적이 남아 있다. 멕시코의 치첸이트사에는 빛과 그림자를 활용한 과학 지식을 보여주는 피라미드인 쿠쿨칸 신전이 남아 있다.

아즈텍제국의 수도였던 테노티치틀란은 호수의 섬에 세워진 도시로 운하 체계, 대규모 시장, 도심의 궁전 사원 복합 단지, 식물원과 수족관 시설을 갖추었고 유럽의 어느 도시보다 더 발전한 도시였다. 스페인 정복자를 놀라게 한 이 도시는 현대 멕시코시티의 기원으로 1925년에 600주년 기념식이 거행되었다. 테노티치틀란 북쪽의 또 다른 대규모 도시 테츠코코는 학문과 문화 중심지였고, 이 두 도시 사이에 자리한 틀라텔롤코는 거대한 시장으로 유명했는데, 테노티치틀란이 확장하며 흡수했다.

멕시코 중부의 테오티우아칸은 아즈텍 문명보다 앞서 존재했던 다른 문명의 도시로 망자의 거리, 태양의 피라미드, 달의 피라미드 등이 남겨진 도시로 아즈텍인들이 신성시했다. 페루의 쿠스코는 잉카제국의 수도로 '세계의 배꼽'으로 여겨졌으며, 신성한 태양의 신전으로 불리는 코리칸차 같은 상징적인 건축물이 존재했다. 안데스산맥의 2,400미터 고지대에 자리하며 자연경관과 조화를 이루고 있는 마추픽추는 잉카 문명의 가장 상징적인 유적지로 왕궁과 신전을 포함한 요새 도시였다.

스페인 정복자들은 16세기에 중앙과 남아메리카의 기존 원주민 정착지나 그 인근에 새로운 도시를 건설했다. 질서, 통제, 기독교 전파의 열망을 반영하는 도시계획을 따라 격자 도로망, 중앙 광장, 대성당, 통치자의 궁전이나 군사용 건물이 주의 깊게 배치되었다. 멕시코시티는 테노티치틀란을 파괴하고 호수를 메운 넓은 부지에 격자형 도로를 조성하고 시장 광장을 중심으로 해 그 가장자리에 대성당과 궁전을 배치하며 건설되었다. 에콰도르의 키토도 원주민 도시를 기초로 하며 스페인의 식민지 도시계획에 따라 중앙 광장을 중심으로 교회와 관공서를 배치했다. 페루의 리마는 잉카제국의 정복자 피사로가 설립한 도시로, 남아메리카의 정치와 종교 중심지로 성장했다. 칠레의 산티아고도 중앙 광장을 중심으로 거리와 구역이 격자로 배치되어 상업적·군사적 필요를 충족하도록 도시가 설계되었다.

유럽은 아메리카를 근대세계체제로 편입하며 교역에 필수적인 수많은 항구도시와 광산 타운도 건설했다. 멕시코의 대서양 항구도시로 건설된 베라크루즈는 멕시코와 스페인 사이 상품과 사람이 오가는 관문이었으며, 태평양 연안에 건설된 아카풀코는 필리핀 마닐라와 연결된 정기적인 무역선이 드나드는 항구도시였다. 콜롬비아의 카르타헤나는 요새 항구로 금과 은이 수출되고 아프리카 노예들이 입항하는 곳이었다. 아르헨티나의 부에노스아이레스도 주요 무역항으로 건설되었다.

볼리비아의 포토시는 광산 타운으로, 이곳에서 채굴된 막대한 양의 은은 스페인 왕실의 중요한 수입원이었다. 멕시코의 사카테카스와 과나후아토도 은 매장지에 개발된 주요 광산 타운이었다. 아메리카의 은은 유럽에서 화폐량 증가에 따른 가격혁명과 상업혁명을 촉진했고, 사치품과 교환되며 아시아로도 대량으로 유입되었다.

카리브해의 도시들은 스페인, 네덜란드, 영국, 프랑스의 군사 요새, 행정 중심지, 무역 및 플랜테이션 경제의 거점으로 기능했다. 쿠바의 아바나와 푸에르토리코의 산후안은 스페인 함대의 기지 도시였다. 도미니카의 산토도밍고는 아메리카 대륙에서 가장 오래된 유럽인 정착지이자 스페인의 아메리카 첫 수도로 탐험과 정복의 발판이었다. 퀴라소의 빌렘스타트는 네덜란드 서인도회사의 무역 및 군사 도시였다. 17세기에 영국이 건설한 자메이카의 킹스턴과 18세기에 프랑스가 건설한 아이티의 포르토프랭스는 사탕수수 플랜테이션 농산물과 노예무역 항구도시였다.

북아메리카에서 프랑스는 17세기 초에 세인트로렌스강 하구에 퀘벡시티를, 18세기 초에 미시시피강 하구에 누벨오를레앙을 건설해 강을 따라 내륙 인디언들과 활발하게 교역했다. 누벨오를레앙은 19세기 초에 프랑스가 루이지애나를 미국에 매각해 영어식으로 뉴올리언스로 명칭이 변화했다.

근대 초기 북아메리카 개척을 주도한 나라는 17세기에 대서양 연안에 13개 식민지를 건설한 영국이었다. 최초의 영국인 정착지는 버지니아주 제임스타운으로, 다른 식민지 개척을 위한 거점 역할을 했다. 청교도들이 정착한 매사추세츠주 보스턴은 무역을 기반으로 뉴잉글랜드의 경제 및 문화 중심지로 빠르게 성장했다. 처음 네덜란드에 의해 뉴암스테르담으로 지칭된 무역 거점 정착지는 17세기 중반 영국이 점령한 후 뉴욕으로 명칭이 바뀌었고 종교적 관용과 문화 다양성으로 북아메리카에서 가장 중요한 항구로 성장했다. 펜실베이니아주 필라델피아는 격자형 도로망의 도시계획으로 건설되었는데, 종교의 자유를 보장하는 우애의 도시로 빠르게 성장했다.

보스턴과 필라델피아는 18세기 미국 독립혁명에서 중추적인 역할을 담당했다. 이 두 도시는 당시 북아메리카에서 가장 인구가 많았고 경제적으로 중요한 도시였으며 미국 독립에 영향을 미친 주요 사건들의 장소였다. 매사추세츠주는 메이플라워호 서약 당사자들이 정착했기에 자치 전통이 강해 영국의 과도한 세금 부과에 거세게 저항했다. 1773년 영국의 차 세법에 항의하기 위해 인디언으로 변장한 보스턴 시민들은 영국 선박에 탑승해 바다에 차를 버렸다. 이 사건으로 영국이 한층 가혹한 통치를 일삼자 식민지 주민의 불만이 증폭되었다. 1775년 영국군과 식민지 민병대 사이 최초의 교전도 보스턴 외곽의 렉싱턴과 콩코드에서 발생했다.

필라델피아에서는 1774년과 1775년 13개 주의 대표들이 독립을 논의한 대륙 회의가 소집되었고, 1776년 7월 4일 독립선언서가 발표되었으며, 1787년에는 연방헌법을 제정하는 제헌의회도 개최되었다. 1789년에 초대 대통령인 조지 워싱턴이 뉴욕에서 취임해 뉴욕이 수도 역할을 했으나 1790년에서 1800년까지는 필라델피아가 수도였다.

미국 연방의회는 수도를 특정 주에 두지 않기로 해 1790년에 워싱턴 대통령에게 새 수도의 위치 선정 권한을 부여했다. 수도 워싱턴DC는 포토맥강변에 건설되었는데, DC는 컬럼

비아 특별구의 약자다. 프랑스 출신 건축가 랑팡이 설계한 워싱턴DC는 방사형으로 뻗어 나가는 대로가 특징이며, 중요 건물과 기념물을 향해 개방된 공간이 인상적인 조망을 제공했다. 연방의회 건물과 백악관의 배치는 권력 분립을 반영했고, 연방의회에서 포토맥강까지 조성된 넓은 공원인 내셔널 몰에는 각종 기념물이 들어섰다. 웅장함과 상징성, 공공 공간에 중점을 둔 워싱턴DC는 이후 많은 나라에서 새로운 수도를 건설할 때 참고가 되었다.

유럽인이 도착하기 전 멜라네시아, 미크로네시아, 폴리네시아, 오스트랄라시아를 포함한 오세아니아에는 고유한 언어, 사회구조, 전통, 신념 체계를 가진 다양한 토착문화가 풍부했다. 호주 원주민 애보리진은 약 5만 년 전 동남아시아에서 유입되었고, 뉴질랜드 원주민 마오리족은 10~11세기 폴리네시아 섬들에서 이주한 것으로 추정된다. 16세기 스페인과 17세기 네덜란드가 오세아니아 일부를 탐험했으나 본격적으로 탐험한 나라는 18세기 영국이었다.

영국인이 이주하고 정착하며 호주와 뉴질랜드에는 행정, 무역, 문화 중심지가 될 여러 도시가 유럽식 건축과 도시계획에 따라 건설되었다. 시드니는 호주 최초의 유럽인 정착지로

18세기 말에 영국의 유배 타운으로 건설되었는데, 19세기에 점진적인 도시계획으로 격자형 거리 배치와 넓은 공원을 갖추었다. 1835년에 건설된 멜버른은 골드러시로 급성장했고, 도심에 영국 빅토리아 여왕 시대 건축양식의 많은 건축물이 세워졌다. 19세기 중반 뉴질랜드 북섬에는 오클랜드가 건설되어 수도 역할을 했는데, 얼마 뒤 웰링턴이 건설되며 수도가 이곳으로 옮겨졌다.

서아시아와 동남아시아의
도시화

　오스만튀르크제국은 13세기 말에 설립되었는데, 1453년 콘스탄티노폴리스를 정복해 동로마제국을 멸망시킨 후부터 근대 초기까지 중동, 유럽의 발칸반도, 북아프리카의 광대한 영토를 지배했다. 19세기에 서서히 유럽 영토를 상실하며 국력이 약해지다가 제1차 세계대전에 독일과 오스트리아 편에 서서 패배했고, 1923년에 케말 아타튀르크 주도로 튀르키예공화국이 탄생했다. 제국의 최초 수도는 비단 교역으로 유명했던 부르사로, 돔과 아치를 사용한 오스만 건축양식의 모스크, 공중 욕장 함맘, 전통시장 바자르가 존재했다.

　두 번째 수도는 제국 영토의 가장 서쪽에 자리한 에디르네였다. 2세기에 로마 황제 하드리아누스가 세워 아드리아노폴리스로 불리던 도시였는데, 14세기 중반 오스만튀르크가 정복해 명칭을 에디르네로 변경하고 수도로 삼았다. 유럽에 대한 군사적·전략적 중요성으로 요새화한 도시였고, 16세기에 오스만제국의 초기 건축을 대표하는 셀리미예 모스크가 건설되었다.

콘스탄티노폴리스는 오스만튀르크에 정복된 이후 이스탄불로 명칭이 바뀌었고, 튀르키예공화국이 앙카라를 수도로 삼을 때까지 오스만튀르크제국의 수도였다. 기존 도시 인프라를 활용하면서 웅장한 모스크, 궁전, 공중 욕장 등을 새로 건설해 제국의 영광을 과시했다. 모스크로 전환한 하기아 소피아 옆에 제국의 통치자 거주지로 건립한 톱카프 궁전, 구도심 언덕에 세워진 쉴레이마니예 모스크는 도시의 주요 랜드마크다. 다마스쿠스, 알레포, 바그다드, 카이로 등 제국 각 지역의 주요 도시들은 제국의 행정, 경제, 문화 발전에 기여했다.

13세기부터 델리를 중심으로 인도를 통치한 델리 술탄국을 멸망시킨 무굴제국은 16세기 초부터 19세기 중반까지 존속했고 페르시아, 힌두, 이슬람 혼합 문화를 발전시켰다. 3대 황제 악바르 대제는 군사 정복과 동맹으로 영토를 크게 확장했고, 종교적 관용 정책, 행정 개혁, 예술과 문화 후원으로 제국의 통치 체계를 공고히 했다. 5대 황제 샤 자한은 황후의 영묘 타지마할을 건립했다.

18세기 초부터 국내외 혼란으로 제국이 쇠퇴하면서 영국 동인도회사가 점차 인도를 장악했고 1857년 제국의 종말과 함께 본격적인 영국의 식민 통치가 시작되었다. 포르투갈과 네덜란드가 장악하고 있던 수익성 높은 향신료 무역 참여를 주요 목적으로 1600년에 설립된 영국 동인도회사는 1612년 무굴제국으로부터 서해안 중요 항구도시 수라트에 교역장 설치를 허가받았다. 이후 17세기 말까지 마드라스(첸나이), 봄베이(뭄바이), 캘커타(콜카타)에 교역소를 설립했다. 영국 동인도회사는 점차 무역 기업에서 정치조직체로 변모하며 군사력을 동원하고 인도의 지역 간 경쟁 관계를 이용해 내륙 지역을 장악해나갔다. 회사가 고용한 인도인 용병의 반영 투쟁이었던 19세기 중반 세포이항쟁 이후에는 영국이 직접 인도를 통치했다.

무굴제국의 첫 번째 수도 아그라는 갠지스강 유역의 고대 도시와 16세기 초에 강 건너에 세워진 신도시가 합쳐지며 성장했다. 아그라에는 요새, 모스크, 궁전 단지, 악바르 대제의 영묘와 타지마할 등 기념비적 건축물이 대거 건립되었다. 악바르 대제가 16세기 중반에 새로 건설한 파테푸르 시크리는 '승리의 도시' 시크리라는 뜻으로 14년 동안 수도로 기능했다. 이슬람과 힌두 요소를 결합한 건축양식의 자마 마스지드 모스크, 페르시아와 힌두 건축양식이 혼합된 궁전 단지 조다 바이마할이 수도의 종교적 · 정치적 위상을 보여주었다.

뒤이어 악바르 대제가 파키스탄의 라호르를 정비하고 확장하며 일시적으로 수도로 삼았다. 샬리마르 정원으로 유명한 이 도시는 이슬람 도시답게 모스크, 공중 욕장, 전통시장을 중심으로 도시 문화를 성장시켰다. 17세기 샤 자한은 델리를 재정비해 라호르에서 다시 아그라로 옮겨갔던 수도를 이곳으로 옮겼다. 재정비된 델리에는 가로수가 늘어선 대로, 공공 광장, 붉은 요새로 알려진 요새화된 궁전 단지 등이 건립되었다. 델리에는 제국의 권력과 부가 집중되었고 활발한 문화 융합이 이루어졌다.

대항해시대에 포르투갈은 아시아 해양 제국을 건설했다. 영토 제국이 아닌 아프리카와 아시아 해안에 세운 교역장 네트워크의 제국이었다. 포르투갈은 인도 서부 연안 도시 고아를 1510년에 차지해 1961년 인도에 반환할 때까지 통제했다. 16세기 중반에는 일본과 교역을 하며 조총 등을 전해주었고 중국의 마카오를 장악했다. 그러나 16세기 후반 네덜란드와의 경쟁에서 밀리면서 고아, 마카오, 티모르 전초기지만 유지했다.

약자 VOC로 널리 알려진 네덜란드 동인도회사는 1602년 네덜란드 정부가 아시아 향신료 무역으로 경쟁하던 여러 회사를 통합하고 무역 독점권을 부여해 설립된 세계 최초의 다국적기업이었다. 인도네시아, 말레이시아 곳곳에 교역소를 설립했는데, 가장 중요하고 수익성이 높은 곳은 인도네시아 군도였다. 반다 제도, 말루쿠 제도, 자바 등 향신료 생산지 섬들을 장악했고 회사의 행정도시로 현대의 자카르타인 바타비아를 건설했다. VOC는 전쟁 수행, 조약 협상, 화폐 발행, 식민지 설립 등 네덜란드 정부로부터 전례 없는 권한을 부여받았고, 군대를 보유해 동남아시아에서 지배력을 행사했다.

VOC는 향신료와 사치품 무역뿐 아니라 동남아시아에 커피, 차, 사탕수수와 같은 현금 작물을 들여와 지역 농업의 변화를 이끌었다. 18세기 영국과의 경쟁과 압력으로 인해 쇠퇴하며 1799년 회사는 해산했으나 인도네시아는 네덜란드 식민지로 유지되었다.

1619년에 세워진 바타비아는 요새 교역장이자 행정 중심지로 네덜란드 도시를 연상시키는 격자형 운하와 거리로 설계되었다. 행정 건물, 교회, 창고와 유럽인, 중국인, 인도네시아인 등 민족별 주거 구역으로 계획된 도시 구조는 동남아시아 여러 식민도시에 영향을 미쳤다. 무역항 믈라카는 1511년에 포르투갈이 점령했다가 1641년에 네덜란드에 빼앗겼으며 1824년부터는 영국이 통치했다. 1650년에 도심에 건설된 네덜란드어로 시청을 뜻하는 스탓하위스는 네덜란드 총독 관저로 사용되었다.

1571년 스페인의 통치 아래 건설된 마닐라는 근대세계체제의 중요 연결고리였다. 마닐라와 멕시코 아카풀코 교역로는 향신료, 비단, 도자기 등 아시아 상품과 아메리카 은의 교환을 촉진했다. 마닐라는 행정 및 종교 중심지 역할을 한 내성 도시 인트라무로스를 중심으로 계획되었다. 격자형 거리 배치는 중앙 광장, 관공서, 교회가 있는 스페인의 식민지 도시계획에 충실했다.

한편, 베트남 중부의 호이안은 16세기와 17세기에 중국, 일본, 유럽 상인들이 모여든 국제 교역항이었다. 일본의 나가사키는 서양과 교역을 위해 막부가 만든 인공섬 데지마로 인해 성장했으며, 17세기 일본의 쇄국에도 유일하게 외국 상인에 개방된 항구였다. 처음에는 포르투갈과 이후로는 네덜란드 동인도회사와 교역한 이 도시는 유럽의 근대 과학, 기술, 문화가 일본으로 유입되는 통로였다.

명 · 청 시대 중국의
도시화와 도시 문화

몽골이 세운 원나라는 내부의 권력 암투와 민족차별에 불만을 가진 한족의 반란 등으로 1368년에 주원장이 난징에서 건국한 명나라에 멸망했다. 명 왕조는 1644년까지 유지되었는데, 초대 황제 홍무제와 3대 황제 영락제 재위 시기 대운하 정비를 통한 농업경제 재건, 과거제 재정립, 유교 보급 등으로 안정적인 통치 질서를 확립했다.

영락제는 무슬림 환관 정화의 남해 원정을 후원해 1405년부터 1433년까지 남중국해와 인도양을 횡단하며 동남아시아, 인도, 중동, 아프리카 동부 해안까지 도달한 해양 활동이 일곱 차례 이루어졌다. 항해의 주요 목적은 중국의 무역 지배력을 확립하고, 외국의 조공을 받고, 해외에서 중국의 영향력과 명성을 확대하는 것으로, 수백 척의 배와 수천 명의 승조원이 참여한 대규모 원정이었다.

남해 원정은 중국과 방문지 간의 문화 교류를 촉진하며 중국의 영향력을 확산하고 외국의 문화, 동식물, 지리 지식을 중국으로 가져왔다. 그러나 영락제 사후 명 조정은 중국의 안보나 경제 번영에 필수적이지 않고 지나치게 많은 경비가 소요된다는 이유로 해양 활동을 중단했다. 1421년에 수도를 베이징으로 옮기면서 북방 민족에 더 신경을 썼고 인도양의 교역 상품이나 규모도 중국 경제에 매력적이지 않았던 탓이다. 중국이 해양 활동을 포기한 반세기 뒤부터 포르투갈이 본격적인 대항해시대를 열면서 유럽이 근대세계체제를 구축하게 되었다.

명의 홍무제는 1371년 해안을 약탈하는 왜구에 대한 방어책으로 외국과의 교역 및 해외 도항을 금지하는 해금령을 반포했다. 모든 해외무역은 공식적인 조공사절단을 통해서만 가능했고, 사무역 종사자는 처벌을 받았으며, 당나라 때부터 운영한 해상 교역 담당 관청인 시박사를 철폐했다. 해금 정책은 정화 원정이 중단된 이후 본격화했고, 민간 해상무역과 해외여행을 제한하는 일련의 법률과 규정으로 명대 내내 해양 진출을 억제했다. 당, 송, 원대 해외무역을 중시하고 장려한 전통과 단절한 것이다. 해금은 해적 통제, 외국 상인의 영향력 제한, 해상무역에 대한 황실의 통제 등 여러 목적을 겨냥한 것이었다. 해금은 동남아시아 화교 공동체와 교류를 억제했고 근대세계체제 형성기에 국제무역 네트워크에 중국의 제한적인 접근만 가능하게 했다.

그럼에도 불구하고 국제무역으로 비단과 도자기와 교환된 은이 유입되자 명대 경제는 크게 성장했다. 차와 소금 산업을 민간에 맡겨 자영업자 수가 늘고 제조업과 상업으로 부를 쌓은 상인 계층도 성장했다. 화폐경제가 발전하자 환금작물을 재배하는 대규모 농장도 생겨났고, 교통망이 확충되면서 상품과 물자를 유통하는 거대 상인 집단도 등장했다. 명대 말기에는 농민 반란과 만주족 침입, 관리의 부패와 재정 위기 등으로 국력이 약해졌다. 명나라는 만주족이 세운 후금이 1636년에 국호를 바꾼 청나라에 1644년에 멸망했다.

청나라는 명대 말기부터 느슨해진 해금 정책을 1684년에 해제했다. 그러나 만주족에 반발하는 한족의 동남아시아 이주가 늘며 반청 움직임이 사라지지 않자 다시 해금 정책을 펴 교역항을 제한하고 외국인의 상업 활동을 통제했다. 청나라는 초기 황제들인 강희제, 옹정제, 건륭제 통치 시기 대만, 몽골, 티베트, 신장 지역에 지배력을 강화해 영토를 크게 넓혔다.

명·청 시대에는 꾸준한 도시화로 도시 규모와 수가 증가했다. 수도와 주요 도시는 경제 다각화와 상업화, 특화 생산으로 인구를 끌어들였다. 도시는 행정과 군사 거점이면서 직물, 도자기, 종이, 금속 가공 등 다양한 산업의 중심지였고, 경제 번영은 문화 활력과 연결되어 도시를 문화, 교육, 지적 활동의 중심지로 만들었다.

명대 첫 수도는 난징이었는데, 3대 황제 영락제가 베이징으로 천도한 이후 청대까지 계속 수도였다. 베이징은 내성과 외성으로 구분되는데, 방어를 위한 거대한 성벽과 여러 성문이 출입을 통제했다. 내성 안에 15세기 초에 건설된 황성인 자금성은 황실 거주지이자 행정 중심지였다. 내성에는 황성과 관료 및 군인을 위한 구역이 존재했으며, 내성의 남문이 천안문이다. 외성에서는 일반인이 거주하며 경제활동을 했다. 청나라는 명대 확립된 도시계획과 한족 문화를 수용하면서 만주족 문화를 접목해 베이징의 도시 경관과 문화를 더욱 풍성하게 만들었다. 청 황실은 명대에 건립된 제천 의례를 위한 천단을 확장했고 황실 정원 원명원, 항저우의 서호에 영감을 받은 정원 궁전 이화원 등을 건립했다.

전통적인 주요 도시도 행정, 상업, 문화 중심지로 명·청대 지속해 발전했다. 양저우는 양쯔강과 대운하의 교차점에 자리한 상업 중심지로 상품과 곡물, 특히 소금 유통을 책임졌고 출판인쇄업도 발전했다. 양쯔강 이남을 말하는 강남의 주요 도시 난징은 명나라 수도의 지위가 사라진 뒤에도 중요 행정 도시이자 문화 및 교육도시의 역할을 했다. 항저우는 대운하의 종착지로 중국 남북 간 교역에 영향을 미치는 주요 경제도시였다. 쑤저우는 예술과 공예의 중심지로 아름다운 자연과 세련된 도시 문화로 유명했다. 광저우는 18세기 중엽부터 19세기 중엽까지 청나라와 서양 국가들 간 무역 관리 체제였던 광동 체제에서 유일한 국제 교역항이었다. 현대에 광저우 문화공원이 된 광동십삼행 무역지구에 유럽 각국의 상선이 드나들었다.

명·청대 강남 지역에서는 중소 시장 타운인 시진이 발달했다. 시진은 농업 발전, 무역과 상업 성장에 따른 화폐경제의 확산으로 생겨났고 이를 더욱 촉진했다. 시진은 상품 교환의 중심지로 농산물 판매뿐만 아니라 직물, 도자기, 금속제품 유통의 허브 역할을 했다. 특히 농촌 배후 지역과 대도시 사이 상품과 자원의 순환을 담당했고, 문화와 사회적 교류의 중심지로 지역민에게 정보와 문화 전파의 역할도 했다. 일부 시진은 행정 기능도 수행해 관리들이 지역 업무를 처리하는 지방 행정의 근거지가 되었다. 경제의 상업화는 사치품, 서적, 예술품에 대한 수요 증가와 함께 소비문화의 성장에 이바지했고, 시진은 이런 수요를 충족시켰다.

중국 명·청대 지방 도시 엘리트인 신사층은 유교 경전을 공부한 지식인들로 지역사회에서 도덕적·문화적 지도자 역할을 했다. 신사층은 과거시험에 합격해 관리가 되어 지방 행정 당국에서 법률 집행과 질서 유지, 세금 징수, 공공사업 감독 등의 업무를 담당했고, 교육과 문화 보급자로 학당을 운영하거나, 학문과 예술 지원을 통해 지역의 문화적 수준을 향상하는 데 이바지했다. 신사층은 지역사회의 분쟁 해결과 자연재해 구호 등 사회 복지 활동에도 참여했다. 유교 가치의 실천자인 이들은 충성, 효도, 인과 예 등 유교 덕목을 생활에서 실천하려 노력했다.

명·청대 경제성장과 도시 발달로 관리, 학자, 상인, 장인 등 다양한 계층이 도시 사회를 구성했는데, 상공인이 도시에서 자본주의의 싹을 키워간 유럽과 달리 중국에서는 관리와 학자뿐 아니라 상공인도 자녀가 과거제를 통해 공직에 진출하는 것을 선호했다.

조선과 일본 에도 막부의
도시 문화

    고려 말 북쪽의 홍건적과 남쪽의 왜구를 격퇴하며 입지를 다진 이성계는 권문세족의 권력 독점으로 백성의 생활이 곤궁함에도 국왕이 요동 정벌을 명하자 역성혁명을 일으켜 고려를 멸망시키고 1392년에 조선을 건국했다. 그는 성리학을 바탕으로 고려를 개혁하고자 했던 신진사대부의 지지를 얻었고 유교를 조선의 통치 이념으로 삼았다. 조선은 4대 국왕인 세종대왕의 한글 창제 같은 문화와 과학기술 발전으로 15세기와 16세기에 번성했다. 1592년 발발한 임진왜란과 1636년 발발한 병자호란으로 위기에 빠지기도 했으나 잘 극복했다. 이후 실학과 북학파가 등장해 18세기 전반기에는 농업 중심의 사회개혁을 주장한 경세치용을, 후반기에는 상공업 발전과 기술혁신을 강조하는 이용후생을 강조했다. 18세기 영조와 정조 통치 시기 각종 제도 개선으로 사회가 안정되고 상공업이 성장하면서 전국적으로 장시가 발달했다.

조선은 건국 2년 뒤인 1394년에 개성에서 한양으로 천도했는데, 한양은 한반도 중심부에 위치하는 한강을 가까이 접하며 동서남북으로 낙산, 인왕산, 남산, 북악산 내사산이 둘러싼 곳에 계획도시로 건설되었다. 조선 왕조 제일의 법궁인 경복궁 정문인 광화문 앞에는 전조후시 원리에 따라 관청과 육조거리가 조성되었고 궁의 뒤편이 산이었기에 궁 앞 동서 중심 도로인 종로에 왕실이 통제하는 시전이 자리했다. 좌묘우사 원리로 궁을 등진 오른쪽에 사직단이, 왼쪽에 종묘가 들어섰다. 유교 이념을 따라 동서남북 사대문 명칭을 흥인지문, 돈의문, 숭례문, 숙정문으로 했고 도심에 보신각을 두었으며, 내사산을 연결하는 한양 도성을 축조했다.

최고 교육기관 성균관과 다양한 왕실 의례와 행차는 학문과 문화 발전을 이끌었다. 조선 전기에 한양이 왕실과 사대부의 정치와 행정, 교육과 문화의 중심지였다면, 상공업이 발달한 조선 후기에는 시전의 독점이 무너지고 민간 상인 활동이 활발한 상업 중심지의 특성도 함께 지녔다.

조선의 중앙집권 행정 체제 확립은 강릉, 원주(강원도), 황주, 해주(황해도), 충주, 청주(충청도), 전주, 나주(전라도), 경주, 상주(경상도), 평양, 안주(평안도), 함흥, 경성(함경도) 같은 행정도시이자 경제와 문화의 중심지를 성장시켰다. 읍성은 마을이나 중소 규모 도시를 치안, 행정, 방어를 위해 성곽으로 에워싼 성곽 타운이다. 16세기 지리서인 《신증동국여지승람》은 전국의 330개 행정구역 가운데 160개 읍성의 존재를 기록했다. 18세기 말 세워진 수원 화성은 한양을 방어하는 주요 거점인 유수부의 성곽 도시다. 정조가 부친 사도세자의 능을 조성하며 수원도호부를 화성유수부로 승격시켰다. 축성 당시 거중기를 사용하고 서양식 성채 방어시설을 마련한 도시 건축사적 의미를 인정받아 유네스코 세계문화유산에 등재되었다.

일본에서는 11세기 이후 호족과 부농들이 농지를 지키기 위해 무장하며 무사 계층이 탄생했다. 12세기 말 가마쿠라에 무사 계층이 정치를 담당하는 막부 체제가 등장했고 14세기 중반에 무로마치 막부로 이어졌다. 막부 수장인 쇼군 자리를 놓고 암투가 벌어진 15세기 후반의 전국시대를 종식하고 일본을 통일한 이는 도요토미 히데요시였다. 그는 반대파 지방

영주(다이묘)의 불만을 억제하고 명나라를 공격한다는 구실로 조선을 침략해 임진왜란을 일으켰으나 패배했다.

그의 사후 후계 문제로 다이묘들이 서군과 동군으로 나뉘어 충돌했고 1600년 세키가하라 전투에서 도쿠가와 이에야스의 동군이 승리해 새 막부를 열었다. 1603년에 개창한 에도 막부 혹은 도쿠가와 막부는 메이지유신까지 유지되었다. 도쿠가와 이에야스는 현대 도쿄인 에도에 거성을 쌓고 지방 다이묘들을 에도와 자신들의 영지에 번갈아 거주하도록 하는 참근교대제를 실시해 통제했다.

에도에 머물러야 하는 다이묘들 덕에 에도는 17세기부터 무사들의 도시이자 대규모 소비 도시로 성장해 18세기에 인구가 100만 명에 이르렀다. 고지대에 자리한 에도성은 권력의 상징으로 도시를 지배했고 성 주변은 쇼군에게 봉사하는 측근 다이묘의 거주 구역이었다. 이 사무라이 거주지 너머 상공인과 일반인의 거주 구역이 있었다. 에도의 상인들은 부를 축적하며 가부키 연극, 우키요에 목판화, 하이쿠 시 문학 등을 후원해 활기찬 도시 문화를 길러냈다.

에도 막부 시기 오사카는 '국가의 부엌'으로 지칭되며 쌀과 여러 상품이 집결되는 유통 중심지로 성장했다. 전국시대

도요토미 히데요시가 건설한 오사카성은 도요토미 가문과 도쿠가와 가문의 다툼으로 파괴되었으나 17세기 중엽 재건되었고 도쿠가와 막부 쇼군의 직할 성이 되었다. 오사카의 경제 호황은 부유하고 영향력 있는 상인 계층을 등장시켰다. 이 계층은 가부키 극장, 인형극 및 다양한 문화 활동을 후원했다.

8세기 말 헤이안 시대부터 천황이 거주한 일본의 수도였던 교토는 에도 막부 시기 정치와 상업의 중심지가 된 에도(도쿄)와 오사카처럼 크게 발전하지는 않았으나 천황의 도시라는 상징성과 함께 교육과 문화예술 도시로 영향력을 유지했다. 고급 의복 제작, 칠기와 부채 공예, 사케 주조 같은 특화 산업과 다도, 꽃꽂이, 고전무용 등도 발전했다.

'성 아래 타운'이라는 뜻의 조카마치는 에도 막부 시대 다이묘의 성 주위에서 성장한 군사와 경제 중심지였다. 성에서 가장 가까운 곳에 거주하는 사무라이와 더 멀리 떨어진 곳에 거주하는 상인과 장인이 거주민들이었고, 다이묘와 주민의 수요를 충족시킬 지역적 상업이 발전했다. 해자, 성벽, 성문 등 방어를 위한 공간 조직과 주거, 상업, 산업 구역 구분 같은 도시계획 요소가 조카마치의 도시 구조에 반영되었다. 가나자와는 에도 시대 가장 강력한 사무라이 가문 중 하나였던 마에다 가문의 가나자와 성 주위에서 발전했고 사무라이와 게이샤 지구, 전통 공예품, 겐로쿠엔 정원으로 유명했다. 나고야, 구마모토, 센다이, 히로시마도 성 주위에서 성장한 조카마치로 일본의 도시 문화와 경제발전에 영향을 미쳤다.

———— 산업화와 도시화의 확산

산업혁명과
도시의 팽창

신석기시대 농업혁명이 도시 문명을 토대를 마련했다면, 근대 산업혁명은 급속한 도시화를 촉진했다. 산업혁명은 18세기 후반 영국에서 정치, 경제, 기술, 문화 여러 요인이 복합적으로 작용해 발생했다. 농업 기술과 토지 이용의 개선으로 늘어난 식량은 인구 증가를 뒷받침했고 농업 노동력 수요의 감소는 산업에 복무할 노동력을 창출했다. 근대세계체제에서 아메리카에서 유입된 은이나 국제무역 수익은 새로운 산업에 투자할 자본 축적을 가능하게 했다. 17세기 말 명예혁명으로 수립한 입헌군주제의 정치적인 안정과 의회 입법을 통한 재산권 보장은 기업가정신과 경제 투자를 장려했다. 은행과 주식시장 발전 같은 금융 혁신도 자본 축적과 투자를 촉진했다. 영국은 석탄과 철도 풍부했고 섬나라의 환경은 일찍이 해상무역을 활성화했다. 운하와 도로, 산업혁명 초기 철도 건설로 인한 교통 혁신은 자원, 상품, 노동력을 효과적으로 이동시켰다. 17세기 과학혁명과 18세기 계몽사상의 영향으로 과학 지식이 증가해 기술혁신과 발명이 늘어난 것도 한 요인이었다.

도시는 전통적으로 정치, 행정, 군사, 종교, 상업 중심지였는데, 산업혁명으로 대규모 생산 활동의 중심지라는 역할이 더해졌다. 산업혁명은 자연스럽게 도시화를 가속했다. 기계제 공장이 들어선 마을은 산업도시로 변모했고 에너지원인 석탄과 기계 제작 재료인 철 매장지 주위로 광산 타운과 제조업 도시가 새로 생겨났다. 농촌의 잉여 노동력은 공장 일자리가 많은 산업도시로 대거 이주해 도시 인구를 빠르게 늘였다. 원료와 상품의 원활한 이송을 위해 개발된 교통망은 도시와 도시 생활권을 확장했다.

국가 내부의 이촌향도뿐만 아니라 국제 이주도 크게 늘었다. 아일랜드인은 영국의 산업도시로, 폴란드인은 독일의 산업도시로 대거 이주했고, 미국은 유럽 각국 출신뿐 아니라 중국인 노동자도 수용했다. 도시 인구가 늘어나 소비가 증가하면 새로운 상품 수요가 창출되어 각종 제조업 공장이 더 많아졌기에 산업화에 동반한 도시화가 다시금 산업화를 자극하는 시너지 효과가 발생했다.

산업혁명은 18세기 말 영국에서 방적기와 방직기, 증기기관을 사용한 섬유산업, 광산업, 제철업에서 시작되어 기계제작, 증기선과 철도 산업으로 이어졌다. 19세기 초에 유럽 대륙에서 가장 먼저 영국식 기계제 공장을 도입해 섬유, 석탄, 철강업을 발전시킨 곳은, 중세부터 도시와 상공업이 발전했던 오늘날의 벨기에에 해당하는 플랑드르였다.

프랑스에서는 산업혁명이 시작된 영국과 마찬가지로 여러 기술혁신이 있었고 공장제 수공업인 매뉴팩처와 원산업화 수준도 높았다. 그러나 프랑스혁명과 이어진 나폴레옹전쟁 탓에 본격적인 산업화는 19세기 중반부터 이루어졌다. 프랑스의 산업화는 매뉴팩처에 기계를 결합한 생산에서 전면 기계제로 점진적으로 진행되었고, 다른 나라와 달리 식품가공업, 고급직물업, 각종 사치품 산업이 발전했다.

독일도 19세기 중반부터 산업화가 진행되었고 1871년 통일독일의 탄생 이후 중화학공업에서 크게 두각을 나타냈다. 독일은 영국에서 시작된 경공업 위주의 제1차 산업혁명을 한 단계 성장시킨 제2차 산업혁명을 주도했다. 19세기 말과 20세기 초에는 이탈리아 북부, 스페인 북부, 러시아와 일본 대도시, 라틴아메리카 대도시에도 산업화의 물결이 도착했다. 19세기 전반기에 완만하던 미국의 산업화는 1860년대 남북전쟁 이후 본격적으로 진행되어 세기말에 독일과 함께 미국이 제2차 산업혁명의 중심국이 되었다.

영국의 대표적인 산업도시는 석탄 매장지에 인접하고 강의 수원을 활용해 면직물산업이 발전한 잉글랜드 북부의 맨체스터로, 19세기 초 10만여 명의 인구가 세기말에는 50만여 명이나 되었다. 50킬로미터 정도 떨어진 항구도시 리버풀은 근대 초기 대서양 노예무역으로 성장한 도시였는데, 노예무역이 금지된 이후에도 미국 남부에서 수입한 면화를 철도로 맨체스터로 운반하고 맨체스터의 면직물을 받아 수출하는 무역항으로 번성했다. 잉글랜드 중부의 여러 도로와 운하망 활용이 쉬웠던 버밍엄에서는 금속 가공, 유리, 보석가공, 운송 장비, 염료 등 많은 제조업이 발전했다.

벨기에에서는 중세 도시 헨트가 기계식 직기를 도입하고 섬유산업 중심지로 변모했다. 프랑스에서는 영국 및 벨기에와 기술혁신 교류가 활발했던 북부의 릴이 면직 산업, 로마

시대부터 주요 도시였던 남동부 리옹이 견직 산업, 중앙 산악 지대 생테티엔이 석탄과 철강 산업 중심지로 성장했다. 19세기 초 5만여 명의 릴 인구는 세기말에 20만여 명이나 되었다. 독일은 라인강 지류인 루르강 유역에서 에센, 도르트문트, 뒤스부르크 등 여러 산업도시가 발전했다. 철강 기업 크루프 사가 탄생한 에센은 19세기 시작과 끝에 인구가 4천여 명에서 30만여 명으로 늘었다. 함부르크는 독일 최대의 항구로서 무역과 원자재 수입에서 중요한 역할을 담당했고 조선업 같은 해운 관련 산업이 발전했다. 프랑스와 독일에서는 국가에 의한 철도망 확장, 금융 체계 발전, 자본 투자 지원 등으로 산업도시가 성장했다.

동유럽에서는 폴란드 실레지아 지방, 체코 보헤미아 지방, 헝가리 부다페스트에서 20세기로의 전환기에 산업화가 진행되었는데, 국내 다른 지역과 격차가 상당했다. 러시아도 동유럽과 같은 시기 모스크바와 상트페테르부르크가 산업화를 선도했고, 20세기 초 프랑스 금융자본의 투자로 건설된 시베리아철도는 우랄산맥과 시베리아의 자원 개발을 촉진했다. 이탈리아에서는 북부 피에몬테, 롬바르디아 지방에서 섬유, 철강, 자동차 산업이 발전했는데, 산업화한 북부와 저개발

남부의 격차가 국가적인 문제가 되었다. 스페인도 북부 바스크 지방에서 철강 산업, 카탈루냐 지방에서 섬유 산업이 발전했고 산업화의 지역적 편중이 심했다.

미국은 남북전쟁 이후 빠른 산업 발전으로 20세기 초에 세계 최고의 산업 강국이 되었다. 넓은 영토와 풍부한 자원을 바탕으로 기술혁신과 성장하는 내수시장, 대륙횡단철도 등의 교통망 확충이 이를 가능하게 했다. 중서부의 오대호 연안 관문 도시 시카고, 자동차 도시 디트로이트, 철강 도시 피츠버그, 록펠러가 정유회사를 세운 클리블랜드가 대표적인 산업 도시였다. 뉴욕을 포함한 전통적인 북동부 도시들은 다양한 제조업과 상업 그리고 문화의 중심지가 되었다. 라틴아메리카의 산업화는 유럽과 미국의 투자 영향을 많이 받았는데, 수출용 농축산 가공업과 광업이 크게 성장했다. 다양한 제조업을 기반으로 멕시코시티, 상파울루, 부에노스아이레스와 같은 대도시 인구도 크게 늘었다.

프랑스혁명 이후 국민국가 건설과 발전으로 각국의 수도와 지방 행정도시로의 인구 집중은 일반적인 현상이었다. 여러 산업도시의 인구가 당시 대도시의 기준인 10만 명 이상이었다면 수도는 인구 100만 명 이상의 거대도시(메트로폴리스)

로 성장했다. 19세기 시작과 끝에 런던은 100만에서 600만, 파리는 50만에서 300만, 베를린은 17만에서 190만 명으로 인구가 늘었다. 도시 엘리트는 박물관과 미술관, 오페라와 각종 공연장에서 미술을 관람하고 클래식 음악, 오페라, 발레를 즐겼으며 고급 식당 식사와 쇼핑으로 여가를 보냈다.

19세기 초반 파리에서 나타난 아케이드 상가 거리와 중반에 등장한 백화점은 이후 서양의 주요 도시에 확산해 고급 상점가와 함께 도시 상류층의 소비문화를 주도했다. 유럽의 귀족이나 상류층은 작가와 예술가를 후원하고 예술품과 유물을 수집했으며, 철도로 바다와 산, 온천 휴양지를 찾거나 인근 국가의 수도나 역사도시를 여행하기도 했다. 미국과 라틴아메리카 도시 상류층은 유럽 도시의 패션과 문화예술계 흐름을 적극적으로 수용했다.

노동자들은 대중적이고 통속적인 신문 연재소설을 즐겨 읽었고, 인형극과 거리 공연을 보고 선술집이나 음악 카페에서 시간 보내기를 좋아했다. 상류층이 즐긴 경마나 폴로 경기와 달리 대중이 열광한 권투, 유럽의 축구와 미국의 야구 관람은 점차 도시민 대다수가 즐기는 여가 활동이 되었고, 대중음악이나 대중적인 공연예술도 그러했다.

산업혁명 초기 우후죽순 성장한 산업도시는 많은 문제점을 노출했고 사회적 병리 현상이 증가했다. 인구 과밀은 도시 인프라가 제대로 갖춰지지 않은 슬럼가를 등장시켰고 노동자 가족을 비좁고 비위생적인 열악한 주거환경으로 내몰았다. 상하수도 체계가 제대로 정비되지 않은 산업도시에서는 수인성 전염병이 확산했고, 부적절한 생활오수 처리나 산업폐수 처리로 도시 전체가 수질오염을 겪었다. 석탄을 연료로 사용하는 공장은 대량의 연기와 그을음을 대기 중으로 방출해 대기오염을 초래했다.

공장에서의 장시간 노동과 저임금은 노동자의 건강을 해쳤고, 산업재해도 빈발했으며, 경제 상황에 따른 주기적인 실업은 도시 빈민을 양산했다. 농촌에서 도시로 이주한 이들은 전통적인 농촌 공동체의 안정감을 상실했으며, 개별화하고 익명화한 삶의 조건은 각종 범죄, 알코올중독 같은 사회적 병폐를 증가시켰다.

여러 문학작품은 유럽의 산업화 초기 도시 생활에 대한 깊은 통찰을 제공한다. 영국 작가 찰스 디킨스의 《올리버 트위스트》(1837)는 도시의 빈곤, 아동 노동, 범죄, 지하세계 등 런던의 밑바닥을 다루며 사회적 불평등을 비판하고, 《어려운 시절》(1854)은 가상의 도시 코크타운을 배경으로 산업화가 노동자 가족의 삶에 미치는 비인간적인 영향을 고찰하며 사회적 불의와 계급 갈등을 다루었다. 프랑스 작가 에밀 졸라의 《제르미날》(1885)은 광산 노동자 파업, 빈곤, 노동 착취, 인간성 회복이라는 주제를 탐구했다. 미국에서는 업튼 싱클레어가 《정글》(1906)에서 동유럽 출신 노동자 가족의 시카고 정착과 육류 가공 노동자 파업을 다루며 비위생적 작업 환경과 노동자 건강 침해를 고발했다. 이 책의 충격적인 폭로는 대중의 항의를 불러일으켰고 미국의 식품 안전 개혁으로 이어졌다.

　미술에서도 19세기 중반 산업 설비, 노동 현장을 사실적으로 묘사하는 리얼리즘(사실주의) 사조가 유행했고, 이후 도시 생활의 순간순간을 포착하는 데 중점을 두어 빛과 색채의 효과를 강조한 인상주의가 등장했다.

사회주의와 노동운동의 성장

　산업화로 급성장한 도시의 비참한 현실은 19세기 전반기에 자본주의를 비판하고 대안을 모색하는 사회주의 사상을 등장시켰다. 초기 사회주의는 비인간적인 노동조건으로 노동자를 착취하고 소수의 자본가에게 부를 집중시키는 극한 경쟁 대신 협동과 공동체성을 중시했다. 사회주의자들은 사적 소유가 아닌 토지, 공장, 기타 생산 수단의 사회적 소유로 자원과 부가 고르게 분배되는 정의로운 사회를 만들 수 있다고 생각했다.

　영국의 오언은 경쟁과 갈등 대신 협동과 조화의 원리로 산업자본주의 폐해를 극복할 수 있다고 주장했다. 그는 노동자 교육과 노동조건 개선을 강조하며 초기 노동운동 조직에도 참여했다. 오언은 미국 인디애나주에 '뉴하모니'라는 공동체를 건설했다가 실패했다. 프랑스의 생시몽은 산업가와 과학기술자가 주도하고 국가가 모두의 이익 증대를 위해 경제를 관리하는 사회를 꿈꾸었다. 그는 조화롭고 생산적인 사회를 만들기 위한 산업의 조직과 계획의 중요성을 강조했다. 프랑스의 푸리에는 공동 생산과 분배, 공동 거주와 여가를 누리는 팔랑스테르라는 공동체를 구상했고, 사회가 즐거운 노동, 인간의 열정과 매력 원리에 따라 재조직되어야 한다고 주장했다.

이런 생각들은 이후 마르크스와 엥겔스에게 영향을 주었으나 이들은 초기 사회주의를 계급투쟁과 혁명 대신 우애와 협력에 기반을 둔 이상적인 공동체 실험만 중시하는 공상적 사회주의라고 폄하했다.

아나키즘도 초기 사회주의가 주장한 계급 간 조화와 협력에 의한 평화로운 사회 재조직 구상을 비판하고 노동자의 독자성을 강조했다. '지배자가 없는' 혹은 '권위에 반대하는' 의미를 지닌 그리스어에서 파생한 아나키즘은 초기 사회주의와 아나키즘 사상의 접점에 위치하는 프루동에 의해 착상되었다. 그는 소유가 과거로부터 축적된 경험과 공동 노동의 성과이기에 생산 수단의 사적 소유로 재산을 불리는 것은 '도둑질'이라고 주장해 자본가들을 놀라게 했다. 프루동은 노동자 상호주의에 바탕을 둔 인민은행의 지원으로 생산자협동조합을 결성해 자본주의를 대체하자고 주장했다.

러시아의 바쿠닌은 노동자 직접행동의 중요성, 혁명적 열정, 모든 형태의 국가 권위에 대한 거부를 호소했고 새로운 사회조직을 위한 기존 질서의 혁명적 파괴를 강조했다. 러시아의 크로포트킨은 경쟁이 아닌 협력이 진화의 원동력이라고 주장한 상호부조 이론으로 자발적인 결사와 필요에 따른 재화의 분배를 강조하는 공동체적 아나키즘을 주장했다.

마르크스는 인류의 역사가 생산양식에 따라 변화 발전해왔다는 역사적 유물론을 내세우며 사회의 물질적 조건이 사회구조, 문화, 정치 제도에 영향을 미친다고 주장했다. 특히 상반된 이해관계를 가진 계급 간의 투쟁이 역사 발전의 주요 동력임을 강조했다. 마르크스는 자본주의가 노동의 소외를 초래하고, 자본가가 노동자에게 생산물의 가치보다 적은 임금을 지급함으로써 창출한 이윤으로 자본을 축적한다고 분석했다. 그에 의하면 이런 착취를 깨달은 노동자의 계급투쟁이 자본가들 간 경쟁이 만들어내는 평균이윤율 하락이라는 내적

모순과 결합해 혁명을 가능하게 한다. 그는 혁명 이후 생산수단을 공동으로 소유하는 사회주의 사회가 생산력을 증대시켜 궁극적으로 계급이 소멸한 공산주의 사회로 이행할 것으로 전망했다.

엥겔스가 1845년에 출간한 《영국 노동계급의 상태》는 산업도시의 폐해를 적나라하게 보여준다. 맨체스터를 관찰하고 쓴 이 책은 자본주의 체제가 끊임없는 이윤 추구로 노동자 계급을 착취한다며 도시 빈민가의 열악한 생활환경, 공장과 광산의 위험하고 비인간적인 작업 환경, 노동자 건강 문제 등을 자세히 설명했다. 이 책은 또한 도시공간에 작동하는 자본의 논리와 계급적 위계, 자본가와 노동자의 생활양식 차이 등을 분석한다.

유럽 전역에 마르크스 영향력이 확산하고 사회주의 정당 활동이 본격화한 것은 그가 1867년에 출간한 《자본론》 1권 이후였다. 1875년에 설립된 독일 사회민주당은 마르크스의 영향을 받은 최초의 사회주의 정당이었으며, 세기말까지 스페인, 오스트리아, 이탈리아, 러시아에서 사회주의 정당이 등장했다. 1864년에 결성되어 활동하다가 사회주의 자치정부였던 1871년 파리코뮌 진압 이후 유명무실해진 국제노동자협회(제1인터내셔널)에 뒤이어 1889년에 조직된 제2인터내셔널의 중심 세력이 각국의 마르크스주의 정당들이었다.

프랑스에서는 1880년대 마르크스주의 정파 외에도 여러 개혁적 사회주의 세력이 존재했으며 1905년에 결성된 통합사회당으로 다양한 사회주의 정파가 한데 합쳐졌다. 영국에서도 1880년대부터 활동한 마르크스주의 정파와 개혁적 사회주의를 주창한 페이비언협회, 노동조합 등이 결합해 1900년에 노동당이 결성되었다. 여러 사회주의 정파들은 자주 혁명과 개혁의 노선 논쟁을 벌였다. 혁명파는 자본주의 체제를 혁명적으로 전복하고 노동자 국가를 수립할 것을 주장하며 의회정치에 회의적이고 파업, 시위, 필요한 경우 무장투쟁 등 직접행동을 옹호했다. 개혁파는 자본주의 체제 내에서 민주적인 수단과 점진적인 개혁을 통해 사회주의를 달성할 수 있다고 믿었다. 개혁파는 노동자의 삶을 개선하는 의회정치와 사회입법을 중시했다. 1917년 러시아혁명 성공 이후 혁명파는 공산당을 조직해 사회주의 정당과 결별했다.

사회주의 정당은 노동운동의 성장과 밀접한 관련을 맺었다. 영국에서는 1799년에 선포된 단결금지법이 1824년에 폐지되어 노동조합 결성이 합법화되었고, 1835년 오언이 참여한 전국노동조합대연합이 결성되기도 했다. 자본가가 의회 입법으로 자유주의 경제 정책을 확장해가자 영국의 노동자들은 참정권을 주장하는 '인민헌장'을 발표하고 이 헌장 채택을 요구하는 차티스트운동으로 정치적 민주주의 발전에 공헌했다. 1810년대 기계 파괴 운동을 벌인 숙련노동자들은 차티스트운동 실패 이후 1850년대와 1860년대 임금 인상과 노동시간 단축을 위한 단체교섭을 주도했다. 1866년에 전국적인 노동단체로 결성된 노동조합회의는 1899년에 노동자대표위원회를 조직해 1900년 노동당 창당에 큰 역할을 했다.

프랑스 노동자들은 노동조합을 금지한 1791년 르샤플리에법에도 불구하고 각종 결사체 조직으로 자본에 맞섰다. 1884년에서야 노동조합이 합법화되었고, 1895년에 설립된 노동총동맹은 노동자 직접행동을 중시하는 생디칼리슴의 토대가 되었다. 독일에서는 사민당의 성장을 막으려는 사회주의 탄압법이 1878년부터 1890년까지 유지되었다. 이 법의 폐지와 함께 1890년에 재조직된 사민당과 자유노조중앙위원회는 긴밀한 관계를 유지하며 동반 성장했다. 1886년에 결성된 미국노동연맹은 임금 인상과 노동시간 단축 같은 실용적인 태도를 견지한 전국적인 노동조합 연합체였다.

주요 산업 대도시와 수도는 노동운동의 근거지였다. 영국 차티스트운동 활동가들은 런던에서 대규모 시위를 벌였으며, 1866년 노동조합회의는 맨체스터에서 창립했다. 1830년대 초 리옹에서 일어난 노동자 봉기는 프랑스 노동운동의 시작이었으며, 1848년 2월혁명으로 등장한 제2공화국에서 파리에 설립된 실업자 구제 목적의 국립 작업장이 폐쇄되자 노동자들의 6월 봉기가 발생하기도 했다. 시카고에서는 1886년 헤이마켓 광장 노동 시위에서 폭탄이 터져 많은 인명 피해가 발생했다. 1889년 제2차 인터내셔널은 헤이마켓 시위를 기념하며 5월 1일을 국제 노동절로 채택했다.

러시아혁명은 도시 노동자와 사회주의 혁명가들의 활동으로 발생했다. 1905년 1월 러일전쟁으로 인한 체제 위기 속에 상트페테르부르크 노동자들은 차르에게 사회개혁을 요구하는 평화 시위를 했다. 황궁수비대가 시위대에 발포한 '피의 일요일' 사건 이후 크게 확산한 파업과 도시 봉기는 차르가 의회 설치를 약속한 자유주의 혁명의 동력이었다. 제1차 세계대전 중이던 1917년 2월에는 상트페테르부르크에서 전쟁 반대와 전제정 타도를 주장하는 시위로 차르가 퇴위하며 러시아 로마노프 왕조가 무너졌다. 이후 자유주의적 임시정부가 전쟁 중단과 전면적인 사회개혁을 머뭇거리자 노동자병사 평의회를 지칭하는 소비에트와 레닌을 비롯한 사회주의 활동 가들이 1917년 10월 사회주의혁명에 성공했다.

공중보건과
도시환경 개선

자유주의는 유럽 중세 도시의 자치로부터 싹을 띄어 근대 절대왕정을 타도한 시민혁명으로 꽃을 피웠다. 경제적 자유주의는 자본주의 시장경제를 성장시킨 동력이었으나 정부의 역할을 치안과 사회질서 유지라는 '야경국가'로 한정했다. 19세기 전반기 자유주의는 영국에서 선거법 개정, 노예제 폐지, 노동조건 개선을 규정한 공장법 제정 등 일부 성과를 거두었으나 사회경제 문제에 적극적으로 관여하지 않았다. 그런데 19세기 중반 많은 인명 피해를 초래한 전염병에 대처하며 도시 인프라를 확충해 위생 조건을 개선하고 공중보건을 강화하는 움직임이 대두했다. 1848년을 정점으로 한 영국 차티스트운동, 프랑스와 독일의 1848년 혁명, 동유럽 각지의 혁명 움직임을 잠재운 보수 정치세력이 19세기 후반기에 보수적 사회개혁의 일환으로 도시 환경을 개선했다.

19세기에 가장 큰 전염병은 콜레라였다. 1817년부터 1824년까지 1차 범유행은 인도에서 시작해 아시아 전역에 퍼졌으나 1826년부터 1837년 사이 2차 범유행은 아시아를 넘어 유럽과 아메리카까지 확산했다. 1832년 런던에서 6천여 명, 파리에서 1만8천여 명이 콜레라로 사망했고, 역시 세계 전역에 퍼진 3차 범유행(1846~1860)으로 1849년 런던과 파리에서 각각 1만5천여 명이 사망했다. 1854년 런던에서 의사 스노우는 콜레라가 수인성 전염병임을 규명했다. 이후에도 세기 말까지 세 차례나 콜레라 범유행이 있었으나 공중보건이 강화된 곳에서는 피해 규모가 줄어들었다.

결핵, 장티푸스, 천연두, 성홍열, 디프테리아 같은 전염병도 도시의 노동자 밀집 주거지에서 끊임없이 창궐했다. 18세기 말 제너의 종두법 발명 이후 천연두 발병은 감소했지만, 결핵은 도시 하층 노동자에게 널리 퍼져 '도시병'으로 지칭되기도 했다.

영국에서는 사회개혁가 채드윅이 1842년에 작성한 노동인구의 위생 상태 보고서를 기초로 1848년에 공중보건법이 제정되었다. 공중보건위원회는 상수도 개선, 하수 처리, 거리 청소 등 다양한 위생 조치를 시행할 권한을 부여받았고, 적절한 환기와 위생을 보장하는 주택 건설 및 유지 관리를 명시한 법률 조항으로 열악한 노동자 밀집 구역의 주거환경을 개선하고자 했다. 프랑스도 1850년에 비위생 건물 정화법으로 행정 당국이 도시 위생 개선을 명분으로 주택 소유주에게 위생 규정 준수를 요구할 수 있게 되었다. 프랑스의 1902년 공중보건법은 19세기 후반 일련의 공중보건 조처들을 체계화했다. 프랑스에서 1860년대와 1870년대 루이 파스퇴르는 미생물학을 발전시키며 질병의 세균 원인설을 확립했다.

콜레라가 수인성 전염병이라는 사실이 알려진 후 가장 시급히 요구된 것은 상하수도의 체계적인 정비였다. 1852년 런던 광역시 상수도법은 저수조에서 정화된 수돗물 공급을 의무화했다. 1856년에 탄생한 런던 광역도시공사위원회는 기존 건축물관리국과 하수도위원회를 통합해 도시환경 개선 업무를 총괄했다. 이 위원회 소속 기술공학자 바잘제트는 1859년부터 1870년대 중엽까지 런던 하수 체계 정비를 담당했다.

런던 광역도시공사위원회는 1889년에 생긴 런던시의회에 업무가 인계되기 전까지 도로 정비와 템스강 다리 건설뿐 아니라 소규모 도시공원과 광장 조성에도 힘썼다. 도시공원과 녹지는 도시에 맑은 공기뿐 아니라 시민의 각종 여가 활동 장소를 제공했다. 질병의 세균 원인설 등장 이전까지는 질병이 나쁜 공기로 발생한다는 미아즈마 이론이 일반적인 인식이었기에 공원 조성은 공중보건 차원에서 중시되었다. 19세기 중엽 파리 불로뉴 숲, 베를린 티어가르텐이 정비되었고, 미국에서는 뉴욕의 센트럴 파크, 시카고 링컨 공원, 필라델피아 페어마운트 공원, 샌프란시스코 골든게이트 공원 등이 조성되었다.

파리는 나폴레옹 3세의 제2제정 시기 파리시 행정을 책임진 센 도지사 오스만 남작에 의해 근대도시로 변모했다. 런던이 17세기 대화재와 이후 도심 재건으로 중세의 모습을 상당히 탈피한 것과 달리 파리는 이때까지 중세적 도시 구조를 유지하고 있었다. 오스만은 1853년부터 1870년까지 파리의 상하수도 체계를 크게 확장했고 도심의 밀집 불량 주거지를 철거한 후 동서남북 소통을 위한 직선과 방사형 대로를 건설했고 공원 녹지를 확대 정비했다. 화려하고 웅장한 관공서와 철도역은 도심 곳곳에, 중상층을 위한 아파트는 가로수가 심어진 대로변에 열을 지어 건립되었다. 1860년에는 파리 외곽을 시로 편입하는 행정구역 확장으로 기존 12개 구를 20개 구로 정비했다.

오스만의 도시 개조는 공중보건 개선 목적뿐 아니라 1830년과 1848년 혁명처럼 파리에서 발생하는 민중 봉기와 혁명적 소요를 효과적으로 통제할 목적도 지녔다. 변모한 파리는 많은 이들에게 근대도시의 미학을 상징했으며 많은 나라에서 근대적 도시 정비의 전형이 되었다.

오스만이 파리를 근대도시로 개조하고 있을 때 바르셀로나에서는 일데폰스 세르다가 설계한 '에이샴플라' 프로젝트가 도시를 크게 변화시켰다. 에이샴플라는 카탈루냐어로 확장을 뜻한다. 바르셀로나도 중세 성벽 안 구도심의 과밀한 생활환경이 문제가 되자 1859년부터 도시를 확대 정비하면서 위생적인 생활환경을 제공했다. 철거된 중세 성벽 바깥으로 새로 확장된 도시 구역은 길고 넓은 도로가 직각으로 교차하는 격자 형태로 설계되었다. 이는 교통을 원활하게 하고 접근성을 개선하며 도시가 질서 있게 확장될 수 있게 도왔다. 건물 블록은 팔각형으로 설계해 교차로에서 가시성을 높이고 공기순환을 개선해 도시 열섬 효과를 줄였다. 각 블록에는 내부 정원을 조성했고, 도시 구역 내 주거용과 상업용 공간을 함께 배치했으며, 상하수도와 대중교통망도 확충했다.

오스트리아 빈에서는 1857년부터 프란츠 요제프 1세가 링슈트라세 프로젝트를 시작했다. 중세 성벽을 철거하고 이 자리에 구도심을 둘러싸는 원형 대로를 건설하며 새로운 대로 주위에 제국의 부와 권력을 상징할 공공 건축물을 세우는 것이었다. 도시 성장을 막던 중세 성벽이 해체되어 생긴 원형 띠 모양의 부지는 고급 주거 구역, 황실과 정부 기관이 들어설 황제 포럼, 도시 부르주아의 문화적 열망을 담을 시민 포럼으로 구분되었다. 황제 포럼에는 신궁전, 자연사박물관과 예술사박물관, 시민 포럼에는 빈 시청, 국회의사당, 오페라 극장, 빈 대학교, 증권거래소 등이 건립되었다. 황제에 의해 시작된 도시계획으로 처음에는 보수적인 성격을 지녔으나 성장하는 도시민의 문화적인 활력이 점차 반영되었다.

국민국가가 성장하면서 각국의 수도에는 19세기 전반기부터 국가와 민족의 영광과 위대함을 과시하는 다양한 공공 건축물과 기념물이 세워졌다. 런던에서는 1834년 화재로 웨스트민스터궁이 소실된 후 빅벤 시계탑을 가진 신고딕 양식의 국회의사당이 세워졌으며, 1840년에 조성된 트래펄가 광장에는 해군 영웅 넬슨 장군의 동상이 들어섰다. 1870~1880

년대에는 로열 앨버트 홀, 자연사박물관, 런던의 랜드마크가 된 타워브리지가 건립되었다. 파리에는 나폴레옹 1세 생전에 건설되기 시작한 개선문이 그의 사후인 1836년에 완공되었고, 1889년 만국박람회장 출입구로 에펠탑이 세워졌다. 로마에서는 이탈리아 통일과 민족주의를 기리는 비토리오 에마누엘레 2세 기념비 혹은 '조국의 제단'이 1885년에 건립되기 시작되었다. 베를린에서는 제국의회 건물이 1894년에 완공되었고, 부다페스트에는 1896년에 마자르족 정주 천 년을 기념하는 영웅광장이, 1904년에는 다뉴브강변에 국회의사당이 건립되었다.

에펠탑처럼 만국박람회는 상품을 전시하고 기술과 예술 업적을 소개하는 원래 목적을 충족하는 것뿐 아니라 도시 발전의 중요한 계기를 제공했다. 최초의 만국박람회는 1851년 런던 하이드파크 내 수정궁에서 열렸고 1862년에 런던에서 한 차례 더 만국박람회가 개최되었다. 파리는 1855년 만국박람회 개최 이후 19세기 말까지 네 번을 더 개최하며 오스만 남작의 도시 정비 이후에도 지속해 도시환경을 개선했다. 1900년 만국박람회를 계기로 파리 지하철이 개통되었는데, 런던과 부다페스트 다음 세 번째였다.

1893년 시카고 만국박람회는 1492년 콜롬보의 아메리카 도착 400주년을 기념하는 행사였는데, 준비 문제로 1년 뒤에 개막했다. 중서부의 관문 도시 시카고에는 박람회를 계기로 잭슨 공원과 미드웨이 플레장스 공원이 조성되었다. 박람회 행사장은 인공호수 주변에 신고전주의 양식의 백색 대리석 건축물로 질서와 아름다움을 보여주며 미국 도시 미화 운동의 기준을 제시했다. 이 운동은 슬럼을 철거하고 기념비적 건축물을 건립하며 도시를 미화해 도시 인구의 도덕적·시민적 미덕을 고양할 목적을 지녔다.

사회주의와 노동운동이 성장해가던 19세기 말과 20세기 초 혁명에 대한 지배층의 두려움은 도시 노동자의 생활 조건 개선을 가능하게 했다. 다양한 사회적 기업이나 협동조합에 세제 혜택 등 공적 지원을 제공해 시세보다 저렴한 임대주택을 제공하는 사회주택, 지자체 소유 토지에 주택공사가 건설하는 시영주택이 런던과 파리를 시작으로 유럽 대도시에 등장했다. 대은행가 부호인 피바디가 런던에서, 로스차일드가 파리에서 노동계급의 주거 조건 개선을 위해 많은 저렴한 임대주택을 건설한 사례처럼 부유층이 사회적 평화 유지를 위해 사회주택 건설을 지원하기도 했다.

미국 시카고에서는 중상층 여성들이 이민자의 도시 적응을 돕는 지역사회복지관 헐하우스를 운영했다. 민주 정파나 사회주의 개혁파가 정치적 영향력을 발휘하는 유럽의 도시들은 상하수도, 가스와 전기, 대중교통, 쓰레기 처리 등을 시영화해 공공 서비스로 제공하면서 도시환경 개선에 노력했다.

제국주의
식민도시

서양 열강은 19세기 말 자본주의 불황을 타개하기 위한 제국주의 정책으로 산업 원료의 공급지이자 상품 시장 및 금융 자본의 투자처인 식민지를 크게 넓혔다. 식민 본국은 효율적인 식민 지배를 위해 수도와 행정 및 군사 도시를 성장시켰을 뿐 아니라 광산과 항구도시 등 다양한 식민도시를 건설했다.

식민도시는 몇 가지 주요 특성을 나타냈다. 첫째, 식민도시는 일반적으로 식민지 관리자 및 식민 정착민 구역과 토착 현지인 구역이 분리된 도시 구조를 지닌 이중도시였다. 둘째, 식민도시는 행정 중심지로 식민 통치, 법 집행, 군사 통제에 필요한 기관과 인프라를 갖추어 통치와 자원 추출을 쉽게 했다. 셋째, 식민도시는 원자재를 추출해 본국으로 수출하고 제조품을 수입하는 데 중점을 둔 경제 중심지로 항구, 철도, 창고 등이 개발되었으며, 종종 지역 경제와 노동력을 희생시키는 착취 장소였다. 넷째, 식민도시는 근대적 설비가 도입되는 곳으로 철도, 전신, 상수도, 전기 등 근대 기술과 인프라를 식민지에서 가장 먼저 수용했는데, 기본적으로 식민 정착민의 이익을 위한 것이었다. 다섯째, 서양 문화의 확산 장소로 식민도시에 건립된 서양 양식의 공공건물, 교회, 공원, 주택이 서양 문화의 우월성을 드러냈고 언어, 교육, 사회적 규범은 서양 문화를 일상화했다. 여섯째, 식민도시는 범세계적 문화 융합의 중심지로 서양 문화의 이식과 강요에도 불구하고 다양한 문화가 교차했다. 문화 교류와 융합의 상호작용은 특히 항구도시와 수도에서 융합적 건축양식, 음식, 언어, 관습의 출현으로 이어졌다.

　식민도시의 특성들을 만들어낸 것은 도시계획이었다. 식민 통치의 권위를 상징하는 관공서, 군 시설, 광장, 철도역 등은 전략적으로 배치되었다. 격자 형태의 대로는 군대의 이동과 군중 통제 및 감시, 질서 부과를 쉽게 했다. 식민 정착민 구역은 넓은 도로, 광장과 공원, 관공서, 근대적인 편의시설을 갖춘 주거 구역으로 새로 계획된 경우가 많았고, 현지인 구역은 상대적으로 덜 개발되고 인구밀도가 높고 인프라가 부족해 생활환경이 열악했다. 백화점과 상업지구는 식민지 경제를 자본주의 세계질서와 연결하고 식민 정착민의 생활 편의를 도왔다.

도시계획에는 '문명화'와 동화 그리고 식민 지배의 정당화를 위한 교회, 학교, 박물관 같은 문화 및 종교 기관 설립이 포함되었다. 공원과 동물원 및 식물원 녹지 공간 조성은 여가 장소의 제공뿐 아니라 자연환경에 대한 통제와 질서 부여의 상징이기도 했다. 공중보건 및 위생에 대한 우려, 특히 열대성 질병에 대한 두려움은 근대적인 상하수도망을 조성했고 병원과 요양 기관 설립으로 이어졌다. 식민도시를 통해 근대 문물이 도입되고 도시 문명이 확산했으나 궁극적으로 식민지에 도입된 근대성은 효율적인 식민 지배를 위한 것이었다.

제국주의 식민도시는 아프리카의 도시화를 자극했다. 이슬람 세계에 속해 천 년이 넘도록 점진적으로 성장했던 전통적인 도시는 제국주의 시대 서양의 도시계획으로 크게 변모했고, 신도시로 개발된 식민도시도 많았다.

세계 전역에 식민지를 보유했던 영국은 아프리카에서도 많은 식민지와 식민도시를 건설했다. 이집트 카이로에서 남아

프리카공화국 케이프타운까지 남북으로 식민지를 연결하고
자 했던 영국이 전초기지로 설립한 나이로비는 케냐의 수도
로 성장했고, 19세기 초에 이집트가 이슬람 세계의 주요 무
역 거점으로 설립한 하르툼은 영국의 식민도시로 발전하며
수단의 수도가 되었다. 식민 개척자 요새 도시로 건립된 로디
지아의 솔즈베리는 현재 짐바브웨의 수도 하라레다. 영국이
19세기 말에 건설한 우간다 철도는 케냐의 인도양 항구 몸바
사에서 내륙의 빅토리아 호수까지 이어졌다. 공사 노동자로
동아프리카로 이주한 많은 인도인은 해당 지역에 정착해 동
아프리카의 인구학적 지형을 변화시켰다. 서아프리카에서는
영국령 골든코스트 식민지 수도로 가나의 아크라가 발전했
고, 대항해시대 포르투갈의 작은 정주지였던 라고스는 나이
지리아의 가장 큰 도시로 성장했다.

영국 다음의 식민 제국이었던 프랑스는 아프리카 북서부에
서 동부 마다가스카르섬까지 동서로 식민지를 연결하고자 했
다. 1830년대부터 식민지였던 알제리는 20세기 중반 독립
당시 프랑스인이 100만 명으로 전체 인구의 10퍼센트를 넘
길 정도로 백인 정착민이 많았다. 수도 알제의 현지인 구도시
카스바와 대비되는 유럽인 신도시 구역에서는 프랑스 도시와

동일한 생활양식과 문화가 유지되었다. 모로코 카사블랑카는 식민도시 계획의 표본이 될 정도로 프랑스식 근대도시 계획과 건축 활동이 왕성했다. 아프리카 최서단 항구도시 세네갈의 다카르는 프랑스령 서아프리카의 수도로 건설되었고, 코트디부아르 아비장은 서아프리카 식민지의 관문 항구도시로 성장했다.

독일은 제1차 세계대전 패배로 식민지를 상실하기 전에 서아프리카 일부와 남서아프리카 나미비아 및 동아프리카 탄자니아를 식민 지배했다. 나미비아 수도 빈트후크가 식민도시로 새로 건설되었고, 탄자니아의 다르에스살람은 작은 어촌 마을에서 독일령 동아프리카 수도로 빠르게 성장했다. 벨기에 식민지 콩고에는 식민지 탐험 전초기지였던 곳이 국왕 레오폴드 2세의 이름을 딴 레오폴드빌로 성장했다. 이 도시가 현재 콩고민주공화국의 수도 킨샤사이며, 현재 루붐바시는 벨기에 왕비 이름을 딴 엘리자베스빌로 건설된 광산 도시를 기원으로 한다. 포르투갈은 대서양 항구도시 루안다를 앙골라 수도로 건립했고, 인도양 항구도시이자 모잠비크의 수도 마푸토의 기원인 로렌수마르케스를 식민도시로 개발했다.

대항해시대 이래 주요 항구도시였던 인도 서해안 봄베이

(뭄바이)와 서해안 캘커타(콜카타)는 국제적 무역항이자 식민 통치의 지역 거점으로 성장했다. 1911년 영국은 인도 식민지 수도를 캘커타에서 뉴델리로 옮겼다. 전통적인 역사도시 델리 외곽에 신도시로 건설된 뉴델리는 영국 제국의 위엄과 권위를 상징하는 대로들, 웅장한 관공서, 대규모 광장과 녹지 공간을 특징으로 했고 기념비적 건축물은 서양 건축양식을 우선하면서도 인도의 건축 전통을 융합했다.

프랑스는 인도차이나 식민지의 수도로 하노이를 성장시키며 이곳에 파리의 오스만식 대로와 공원을 조성하고 서양 건축양식의 기념비적 건축물을 세워 제국의 권위와 문명을 각인시켰다. 현재 호찌민시티인 사이공에도 도심 곳곳에 프랑스 건축양식의 교회, 우체국, 오페라극장이 지어졌고 정비된 대로에는 프랑스 도시 문화를 상징하는 카페들이 문을 열었다. 1898년에 스페인의 식민지 필리핀을 차지한 미국은 근대적인 인프라 구축, 교육기관 설립, 공중보건 강화로 식민도시 마닐라를 성장시켰다. 오스만튀르크제국 몰락 후 중동에 진출한 영국은 요르단 암만, 이라크 바그다드, 프랑스는 레바논 베이루트, 시리아의 다마스쿠스와 알레포 등 전통적인 이슬람 역사도시에 서양식 근대도시 계획과 도시 문화를 이식했다.

식민도시는 식민 지배의 하나의 도구였으나 도시가 성장하며 늘어난 지식인, 노동자, 민족주의자들의 활동 근거지이기도 했고 식민 통치에 도전하고 독립과 근대 국민국가 건설을 요구하는 각종 시위, 봉기, 민족운동의 현장이기도 했다.

동아시아의 개항과
서양 도시 문화의 수용

동아시아는 근대세계체제에 완전히 포함되지 않았다. 중국과 일본은 국가가 통제 관리하는 부분적인 국제무역을 했고 조선은 중국을 통해 서양 문물을 일부 수용했다. 명·청대 해금 그리고 에도막부와 조선 말기의 쇄국 정책으로 서양 열강의 영향을 받지 않고 정치적 안정과 경제성장을 해오던 삼국은 19세기 중반 개항 이후 빠르게 열강이 주도한 세계사적인 변화에 연결되었다.

산업혁명 이후 영국의 공산품은 세계적으로 인기를 얻었으나 중국에서는 수요가 거의 없었다. 영국은 중국의 비단, 도자기, 차 등을 수입하며 발생하는 무역 적자를 메우기 위해 아편을 수출해 청나라와 갈등을 빚었다. 1840년과 1856년 영국과의 두 차례 아편전쟁에서 패배한 청나라는 1842년 난징조약으로 홍콩을 영국에 할양하고 다섯 개항장을 허가했으며, 1856년 톈진조약과 1860년 베이징조약은 더 많은 항구를 개방하고 베이징에 외국 공사관 설치를 허용했다. 열강의 간섭뿐 아니라 태평천국의 난, 중일전쟁 패배, 의화단운동 등으로 혼란이 이어지자 1911~1912년 쑨원은 신해혁명을 성공시켜 청 왕조를 무너뜨리고 중화민국을 탄생시켰다.

1853년 미국 페리 제독의 포함외교로 이듬해 맺어진 미일화친조약은 일본을 개항하며 도쿠가와 막부의 쇄국을 끝냈다. 1858년 미일 수호통상 조약은 개항장을 추가했는데, 조약을 천황의 허가 없이 막부가 승인했기에 천황을 따르던 다이묘와 무사들이 천황을 받들고 외세를 배격한다는 존왕양이 활동을 펼쳤다. 막부파와 천황에 막부의 권력을 반환하라는 세력 간 내전에서는 천황파가 승리해 1867년 막부 통치권이 천황에게 반환되었고(대정봉환) 이듬해 왕정복고로 메이지유신이 이루어졌다. 이후 일본은 빠르게 서양 문물을 수용하는 근대화를 추진했고 청일전쟁과 러일전쟁에서 승리하며 20세기 초에 제국주의 열강의 반열에 올랐다.

미국이 일본을 개항시킨 방식을 따라 일본은 운요호 사건을 일으켜 1876년 강화도조약으로 조선을 개항시켰다. 조선은 1880년대 서구 열강들과 연이어 수호통상 조약들을 체결하며 근대 문물을 본격적으로 수용하기 시작했다.

동아시아 삼국은 개항 이후 서양 근대 문명 체험과 외교적 교섭을 목적으로 한 시찰단이나 사절단을 유럽과 미국에 보냈는데, 1870년대 초 일본의 이와쿠라 사절단이 대표적이었다. 나날이 번창하는 서양 도시 문명을 직접 체험한 동아시아 개화파 지식인과 관료는 서구화, 근대화, 문명개화를 주창했다. 중국에서는 중체서용 사상에 기초해 군사 기술을 도입하고 관영 군수공장을 설립하는 등 서양 문물을 수용하는 양무운동이 전개되었고 사회 전반에 근대적인 개혁을 추진한 변법자강 개혁도 시도되었다. 동아시아 문명개화 주창자들은 과학기술, 군사, 경제는 물론이고 근대적 도시 인프라와 공중보건에 큰 관심을 보였다.

중국의 최초 다섯 개항장 가운데 한 곳이었던 상하이는 개항 이후 비약적인 도시 발전을 이루었다. 장강 하구 삼각주에 위치해 명·청대 점진적으로 성장한 상하이에서는 현성 밖에 서양 조계지가 조성되었다. 영국과 미국 조계지가 합쳐진 공공 조계에 속한 황푸강변의 와이탄에는 국제무역 기업과 관공서 및 은행이 웅장한 서양 건축양식으로 열을 지어 건립되었고 공공 조계와 프랑스 조계에 들어선 극장과 공연장, 백화점, 카페 등은 서양 도시 문화를 확산했다. 조계지 공공 업무를 담당한 공부국은 서양 도시의 자치체처럼 상하수도 정비, 공원 조성 등 근대적 도시 인프라를 확충했고 공중보건을 강화했다.

　도시 발전은 1910년대에 현성 성벽이 철거되면서 구도심까지 이어졌다. 다양한 국적의 외국인뿐만 아니라 중국의 국내외 혼란기에 많은 국내 이주민이 상하이로 몰려들어 개항 당시 27만여 명이던 인구가 1900년에 100만여 명, 1930년에 270만여 명으로 증가했다. 상하이는 전통과 근대뿐 아니라 중국 각 지방의 고유한 문화와 서양 각국의 문화가 융합되는 범세계적 대도시로 성장했다. 1921년 프랑스 조계에서 창당한 중국 공산당은 이후 중국 근현대사를 좌우하는 주요 정치세력이 되었다.

　메이지유신 이후 천황이 교토에서 에도로 옮겨온 1868년 에도의 명칭은 동쪽의 수도라는 의미의 도쿄로 바뀌었다. 19세기 초 130만여 명에 달했던 인구는 개항 이후 내전과 메이지유신으로 막부를 지탱한 무사 계층이 도시를 떠나며 1870

년 59만여 명으로 줄었으나, 수도로 빠르게 발전하면서 인구가 증가해 1890년에 140만여 명, 1910년에 220만여 명에 이르렀다. 천황의 거처인 황거 주변의 예전 다이묘 거처였던 부지에는 근대적 관공서들, 제국의회, 은행, 기업들 본사가 들어섰고 도심에 도쿄역이 만들어졌다. 빠른 근대화 노력으로 철도, 전신, 우편, 상하수도 체계도 정비되었고, 우에노 공원 같은 공원과 박물관, 극장, 백화점, 서양식 카페와 식당이 서양 도시 문화를 확산시켰다.

메이지유신 이후 오사카는 '동양의 맨체스터'라는 별칭을 얻을 정도로 산업이 성장했다. 전통적인 상인 계층이 자본주의적 기업가정신으로 여러 산업의 발전을 촉진했다. 교토는 천황이 도쿄로 떠난 이후에도 유적지, 사찰, 고급 수공예품과 같은 전통 산업을 보존하며 역사도시로 명성을 유지했다. 일본 전역의 주요 조카마치는 근대적인 도시 인프라를 도입하면서 근대도시로 변화했다.

조선에도 개항 이후 빠르게 서양의 도시 문화가 수용되었다. 인천은 관문 항구로 서양 문물이 유입되어 서울로 확산하는 통로였다. 조선은 1897년에 대한제국으로 국호를 바꾸며 서울 도심에 천제를 지낼 환구단을 건립했다. 대한제국 시기에 착수한 도시 경관 정비 사업은 도로 정비, 전기와 수도 도입, 전차 운영, 공원 조성에서 일부 성과를 거두었다. 서울에는 정부 주도의 근대화 노력으로 서양식 교육기관이 설립되고 서양 각국의 공사관과 일본 백화점의 지점이 생기기도 했다. 그러나 자주적 근대화 노력은 한일 강제병합으로 실패했고 서울은 일본 식민 지배 아래에서 식민도시로 변모했다.

———— 현대 도시의 위기와 기회

유럽과 미국 도시의
성장과 한계

산업도시의 폐해를 극복하려는 노력은 새로운 도시계획 사상을 등장시켰다. 19세기 말 영국에서 하워드는 '정원도시' 개념을 주창했다. 그가 보기에 도시는 흥밋거리와 높은 임금, 고용 기회를 제공하며 인구를 끌어들이는 하나의 자석이지만 고물가와 열악한 주거환경에 시달리고, 농촌은 쾌적함과 자연의 아름다움으로 인구를 유인하는 하나의 자석이지만 경제적 기회와 문화적 흥밋거리가 부족하다. 정원도시는 도시와 농촌의 장점들만 뒤섞는 새로운 제3의 자석으로 자연친화적이면서도 일자리와 흥밋거리를 갖춘 새로운 정주 형태다. 3만 명 정도 소도시 규모의 중심부에는 시청, 극장, 도서관, 공연장 등 공공시설이 있고 원형 띠 모양의 녹지 공원에 둘러싸인다. 공원 바깥에 주거지가, 그 바깥에 공장 시설이 있고 도시 곳곳이 대중교통으로 연결된다. 민주주의와 협동에 기초한 정원도시 토지는 공동체가 공유한다.

하워드의 구상은 큰 반향을 일으켜 여러 나라에서 시범적인 정원도시가 건설되었다. 비슷한 시기에 대두된 '개방 공간' 운동은 도시와 교외 지역에 쉽게 접근 가능한 미개발 녹지 공간의 보존이나 조성을 강조했다. 정원도시나 개방 공간 운동은 20세기 후반기 교외 개발과 생태주의 도시계획 사상에 영향을 미쳤다.

프랑스어로 '새로운 예술'을 뜻하는 아르누보는 19세기 말부터 20세기 초까지 유행한 국제적인 예술 사조다. 아르누보 건축은 19세기 건축을 풍미했던 기존 여러 양식을 계승한 역사주의 건축에서 벗어나 실용성을 추구하면서도 유미적 디자인을 중시했다. 특히 직선과 각진 형태 대신 식물의 곡선에서 영감을 얻은 역동적이고 흐르는 듯한 곡선 형태를 강조했다. 다양한 예술 분야 간의 경계를 허물고자 건축에 금속공예, 유리, 도자기 장식을 결합했고 철, 유리, 콘크리트 등 새로운 재료와 건축 기술을 과감히 수용해 혁신적이고 표현력이 풍부한 건축물을 등장시켰다.

아르누보의 선구자 호르타가 벨기에 브뤼셀에 건축한 호르타 주택은 곡선으로 구조와 장식 요소를 잘 통합했다. 파리 센강변 사마리텐 백화점과 잠자리 모양의 파리 지하철 입구, 빈 칼스플라츠 지하철역 등이 아르누보 양식이다. 가장 유명한 아르누보 건축물은 바르셀로나에 세워진 카사 바트요, 카사 밀라, 구엘 공원 등 가우디 작품이다.

스위스 출신 프랑스 건축가 르코르뷔지에는 1920년대 300만 명 인구의 파리 생활환경을 개선하고 현대 사회의 요구를 반영하는 근대적인 대도시 계획안을 내놓았다. 격자형 도로망의 도심에 자동차, 철도, 지하철 복합터미널을 두고 동서남북 연결된 고속도로를 교차시키며, 건물 내부에 생활 편의 시설을 갖춘 사무용 60층 고층건물들을 세운다. 고층건물들은 공원녹지를 통해 분리되며 공원녹지 외곽에는 공장과 주거를 위한 위성도시가 자리한다. 전통적인 역사도시 파리가 실제 이렇게 변화할 수는 없었으나 그는 1930년대 펴낸 《빛나는 도시》에서 이 구상을 더 체계화해 격자 도로망, 마천루 빌딩, 밀집 고층아파트, 고층건물 사이의 넓은 녹지 조성 같은 혁신적인 도시계획을 제시했다.

르코르뷔지에 주도로 1928년에 결성된 근대건축국제회의의는 1950년대 말에 해산할 때까지 근대건축과 도시계획을 범세계적 양식으로 만들며 서양 도시계획 흐름에서 주도적인 위치를 차지했다. 기능주의를 전면에 내세운 근대건축국제회의가 1933년에 채택한 '아테네 헌장'은 근대도시 계획의 네 가지 기능으로 주거, 생산 활동, 여가, 교통을 강조했다. 주거를 도시의 가장 중요한 요소로 간주했고, 생산 활동과 관련해 농업, 공업, 상업 세 기능에 따르는 도시의 형태를 규정했다. 개별 도시에서는 공원과 녹지 공간을 중시했고, 교통망을 육로, 철로, 수로, 항공로, 간선과 지선도로, 주거와 상업 및 여가 시설물 연결도로 같은 용도와 기능으로 구분하는 설계 원칙을 제시했다.

독일에서는 그로피우스가 설립한 바우하우스 예술학교에서 예술, 건축, 디자인 교육 혁신을 추구했다. 바우하우스 건축은 사회의 필요에 부응하는 기능적인 디자인을 강조해 합리적으로 공간을 활용했고 불필요한 장식을 없앴다. 강철, 유리, 콘크리트 등 새로운 건축 재료로 구조적 단순성과 넓고 개방적인 실내 공간을 중시했다. 바우하우스 건축가들은 사회적 평등과 삶의 질 향상을 목표로 충분한 채광과 환기, 공동체 활동 공간을 갖춘 공공주택 설계도 담당했다.

그러나 1933년에 권력을 잡은 히틀러는 바우하우스 사상과는 정반대인 상징적이고 화려하고 웅장한 대규모 기념비적인 도시계획으로 베를린을 '세계 수도 게르마니아'로 변모시키려 했다. 대로와 거대한 공공건물, 기념비 등 전례 없는 규모의 건물과 도시 인프라로 나치 정권의 위력을 과시하기 위해서였다. 나치 국가의 힘, 영속성, 우월성을 상징할 동서축과 남북축선 대로, 거대한 돔 집회장, 대규모 관공서들은 제2차 세계대전으로 완성되지 않았지만, 건축과 도시계획이 파시즘 전체주의의 이념에 어떻게 이용될 수 있는지를 보여주었다.

이념과 체제를 선전하려는 목적으로 건축과 도시계획을 활용한 사례는 1917년 사회주의혁명으로 탄생한 소련에서 먼저 나타났다. 혁명을 주도한 레닌은 외국의 침략 가능성을 우려해 1918년 수도를 모스크바로 옮겼고, 혁명의 도시 상트페테르부르크는 레닌 사후에 레닌그라드로 명칭을 변경했다. 모스크바에서 사회주의 권력을 상징한 것은 크렘린궁과 붉은광장이었다. 요새 성채를 뜻하는 크렘린은 중세에 처음 건설된 후 점차 확장해 18세기 초 상트페테르부르크 천도 전까지 차르의 궁전으로 사용되었다. 레닌의 집무실 겸 거주지로 결정된 후 제정러시아의 황금독수리 장식 조각은 붉은색 별로 대체되었다. 궁과 주변 교회 사이의 작은 광장은 붉은광장으로 확장 정비되어 군사 행진과 국가적인 기념식 장소로 사용되었다. 대형 군용차량의 출입을 원활히 하도록 광장 주변 예배당이 철거되기도 했고 레닌 사후에는 그의 묘가 광장에 조성되었다.

소련의 도시계획은 20세기 사회주의 국가들에서 일반적으로 수용되었다. 모스크바처럼 수도에는 한복판에 대규모 광장이 조성되고 주변으로 주요 관공서들, 상징적인 기념비들, 혁명지도자의 묘 등이 건립되었다. 사회주의 도시는 자원 배분, 종합적 교통망 구축, 인구와 경제의 필요에 따른 산업, 주거, 여가 공간의 계획적 배치를 결정하는 중앙 계획을 따랐다. 노동자 주택단지는 표준화된 설계와 자재로 조립식으로 빠르게 지어졌으며, 공동체 의식과 집단생활 강화를 위한 여가와 문화공간이 조성되었다.

도시계획에서 주거, 상업, 산업, 여가 등 토지 용도를 지정하고 사용하도록 규제하는 조닝, 즉 용도지역지구제는 1916년 미국 뉴욕의 조례에서 체계화되었다. 도시 과밀화와 난개발을 방지하기 위한 용도지역지구제는 세계적으로 확산했고 애초 목적뿐만 아니라 환경보호, 역사 보존, 지속 가능한 개발 촉진 등 다방면으로 도시 개발의 토대가 되었다.

1920~1930년대 미국 시카고대학에서는 생태학 시각에서 도시를 탐구하는 도시사회학 분야의 시카고학파가 등장했다. 이 학파는 산업화와 도시화에 관련된 사회 변화와 문제를 이해하기 위한 사회학적 질문에 경험적 연구 방법을 적용했다. 시카고학파는 개인과 집단이 도시 공간 내에서 어떻게 자원을 놓고 경쟁하며 중심업무지구, 주거지구, 산업지구를 형성하는지 분석했다. 도시 발달의 동심원 모형도 제시하며 중심업무지구를 둘러싸는 전이 지대에서 빈곤 및 범죄가 자주 발생한다는 특성도 도출했다. 다양한 인종과 민족 공동체가 도시 생활에 어떻게 적응하며 사회관계망을 형성하고, 동화 및 통합 과정에서 문화적 정체성을 유지하는지도 주요 탐구 주제였다.

현대 도시 경관을 상징하는 초고층 빌딩 마천루는 급속한 도시화와 지가가 비싼 중심업무지구의 증가하는 사무실 공간 수요에 따라 19세기 말에 시카고와 뉴욕에서 처음 등장했다. 기둥과 보의 철골 구조로 건물의 무게를 지탱했고, 19세기 중반 오티스가 발명한 엘리베이터를 상용화했으며, 내화 재료와 기술 발전이 고층건물의 화재 위험성을 줄였기에 마천루 건축이 가능했다. 초기에 50~100미터 정도였던 마천루는 1930년대 뉴욕의 크라이슬러 빌딩과 엠파이어 스테이트 빌딩에서 300미터를 넘어섰다. 제1차 세계대전 이후 경제 호황기에 건설이 촉발된 마천루의 완공은 1929년에 발생한 대공황으로 조금 늦춰졌다. 대공황 시기 정부의 뉴딜 주택 정책은 건설산업을 부흥시키고 주택 소유를 확대하기 위한 주택담보대출(모기지론)을 활성화했으며, 공공주택 건설을 촉진했다.

제2차 세계대전 이후 유럽에서 폐허가 된 도시의 복구는 경제, 사회, 문화의 재건 차원에서 중요했다. 미국이 마셜 플랜으로 유럽 재건을 재정적으로 지원한 것은 물리적인 인프라 재건뿐만 아니라 통화 안정화, 생산과 소비 촉진, 유럽과 미국의 무역 성장에 기여했다. 전후 복구 과정에서 도시계획과 건축의 혁신도 증가했다. 영국 코번트리, 폴란드 바르샤바처럼 역사적인 도심을 복원하며 전쟁 이전 건축양식을 최대한 가깝게 재현하는 도시도 있었고, 네덜란드 로테르담과 프랑스 르아브르처럼 개방 공간, 근대적 주택 블록, 교통 순환 체계 개선 등 새로운 도시계획 개념을 구현한 도시도 있었다. 주택 부족 문제를 해결하기 위해 사회주택도 대거 건립되었다.

주택 부족을 해결하고 경제 회복을 지원하며 변화하는 사회 및 산업 환경에 적응하기 위한 신도시 건설도 여러 국가에서 나타났다. 영국은 정원도시의 영향을 받아 전국적으로 소규모 저밀도 신도시를 먼저 건설했다. 이어 잉글랜드 중부와 북부에 대규모 고밀도 신도시, 수도권 지역에 자족형 신도시도 건설했다. 프랑스도 수도권에 파리의 기능을 분산하며 주거와 경제활동을 지원할 수 있는 신도시들을 만들었는데, 현대식 중심업무지구로 조성된 파리 서쪽 라데팡스에는 국내외 기업체가 밀집해 자리를 잡았다. 독일 동베를린 외곽과 프랑크푸르트 외곽에도 위성도시 기능의 신도시가 등장했다.

미국에서는 늘어난 자동차 교통 편의를 위해 도심 고속도로 건설 같은 재개발이 추진되었다. 뉴욕의 전통적인 도시 마을로 예술가와 자유 직업인이 많이 거주하던 그리니치빌리지와 소호를 가로지르는 로어 맨해튼 고속도로 건설 계획은 제인 제이콥스가 조직한 시민 저항으로 성공하지 못했다. 그녀는 1961년에 출간한 《미국 대도시의 죽음과 삶》에서 지역 공동체에 기반을 두는 도시계획의 중요성을 역설했다.

햇빛이 좋은 미국 남부 지대를 지칭하는 선벨트에서는 많은 도시가 빠르게 성장했다. 연방정부의 투자로 항공우주, 방위, 전자, 석유 산업이 발전했고, 동북부보다 저렴한 토지 비용이나 생활비도 도시 발전의 주요 요인이었다. 가정과 기업에 널리 보급된 에어컨은 선벨트 지역의 더위를 극복하게 해주었다. 조지아주 애틀랜타는 남부에서 가장 큰 대도시로 델타항공과 코카콜라 본사가 위치하며 교통, 미디어, 교육의 허브로 성장했다. 플로리다주 마이애미는 금융, 상업, 문화, 여가와 관광 중심지이자 라틴아메리카의 관문 도시 역할을 했다. 텍사스주 댈러스는 석유와 가스, 통신, 기술 분야, 휴스턴은 석유와 가스, 의료, 우주항공 분야, 샌안토니오는 군사, 의료 및 금융 분야에 강점을 지닌 도시로 성장했다. 캘리포니아주 로스앤젤레스는 엔터테인먼트와 문화, 기술, 관광 분야, 샌디에이고는 군사와 생명공학 분야가 도시의 성장을 주도했다. 선벨트 북쪽 경계인 캘리포니아주 중부 실리콘밸리는 하이테크 경제의 탄생지다.

대도시 교외가 새로 개발되면서 도시권역이 확장하는 현상은 전후 미국에서 가장 두드러졌다. 18세기 런던의 교외가 혼잡하고 열악한 환경의 도심에서 벗어나 안락한 삶을 추구한 부르주아의 유토피아를 상징한 것처럼 미국 중상층은 늘어나는 이주민으로 도심의 생활환경이 혼잡해지자 교외 단독주택을 선호하게 되었다. 정부는 주들 간 고속도로 건설을 지원해 도심 직장과 교외 거주지 사이의 통근을 도왔다. 교외로 나온 백인 중상층은 자동차로 접근하는 쇼핑몰, 교외의 자족적 생활환경에 부응하는 소비, 가족 중심적 삶의 양식을 전파했으나 자신들의 교외 주거지에 유색인종의 접근을 어렵게 하며 백인 중산층의 제한적인 공동체 문화를 발전시켰다.

미국에서는 뿌리 깊은 불평등과 조직적인 인종 차별로 인해 많은 인명과 재산 피해를 낳은 도시 폭동이 자주 일어났다. 보통 경찰의 폭력이나 사법적 불공정 사건으로 촉발되었는데, 1965년 로스앤젤레스 와츠 폭동, 1967년 디트로이트 폭동과 뉴어크 폭동, 1980년 마이애미 폭동, 1992년 한인 교포 사회에 큰 피해를 준 로스앤젤레스 폭동이 대표적이다.

미국보다는 덜했으나 유럽에서도 이민 정책, 다문화와 사회 통합 정책, 소수자 공동체와 행정 당국의 마찰 등에 의한 도시 폭동이 종종 발생했다. 1981년 런던 외곽 브릭스턴에서는 거리 범죄 소탕에 나선 경찰과 인종적 편견에 저항하는 아프리카계 주민 공동체의 갈등이 폭동으로 이어졌다. 2001

년 영국 브래드포드 폭동은 경제 침체기에 이민자에 공격적인 태도를 보인 극우 단체의 시위로 발생했다. 2005년 프랑스 파리의 교외에서 발생해 전국의 대도시 교외로 확산한 폭동은 이민자 청소년에 대한 차별로 발생했다.

도시재생과
재활성화

인종 폭동 같은 도시 사회의 갈등 표출에는 케인스주의적 수정자본주의 아래 전후 고도성장을 이어가던 경제가 1970년대부터 침체하기 시작하면서 실업자가 된 백인 노동자들의 사회에 대한 불만이 작동했다. 19세기 말부터 미국 경제를 떠받치던 북동부 및 중서부 오대호 연안 주요 중공업 산업 도시들은 20세기 중반에 큰 타격을 받았다. 글로벌 경쟁으로 제조업은 인건비가 저렴한 해외로 옮겨갔으며, 기술혁신에 따른 생산 과정 자동화, 공장 폐쇄에 의한 실업 증가, 제조업에서 서비스산업으로 경제구조의 변화, 경제 쇠퇴로 인한 인구 감소와 도시 쇠퇴가 계속되었다. 먼지 날리는 녹슨 유휴산업 시설물만 황량하게 남겨진 해당 지역은 러스트벨트로 지칭되었다. 이 지역 도시들은 첨단기술, 의료, 교육, 서비스 분야로 경제를 다각화하며 도시를 활성화하기 위해 노력하고 있다.

쇠락하는 도시 혹은 특정 구역을 재활성화하려는 도시재생 사업은 전후 유럽 도시의 복구에서부터 초기 양상이 나타났으나, 본격적으로는 1970~1980년대 경제 침체 국면의 미국에서 뚜렷하게 대두했다. 볼티모어 항구 재개발 사업은 경제 구조 변화로 쇠락한 산업 항구에 엔터테인먼트, 소매업, 문화 복합 공간인 하버 플레이스, 국립 수족관, 메릴랜드 과학 센터, 컨벤션센터를 등장시켰다. 뉴욕에서도 타임스퀘어 정비, 허드슨강 수변의 고급 주택 및 상업 공간으로의 변모, 브루클린과 윌리엄스버그 같은 쇠락한 산업 구역 내 고급 주택 건설과 문화공간 조성 등이 진행되었다. 21세기 초에는 맨해튼의 유휴 고가 철도를 공원으로 바꾼 하이라인이 등장했다. 샌프란시스코의 옛 부두들도 수변 재생 사업으로 복합 문화와 여가 공간으로 바뀌었고, 시카고의 밀레니엄파크는 도심의 현대적인 재개발을 이끌었다.

도시재생은 낙후된 곳을 활성화해 경제와 도시 경관 개선에 이바지했지만 재개발 사업을 주도한 기업이나 부동산회사의 이익을 우선시해 젠트리피케이션 현상을 등장시켰다. 근대 영국의 지주층 젠트리가 토지 소유를 늘려간 것에서 비롯된 이 용어는 낡은 주택을 개조하고 고급화하며 지역의 부동산 가치를 높인 후 새로운 기업과 주민들을 끌어들여 기존 주민들의 삶의 터전을 빼앗고 고유한 동네 문화를 잠식하는 것을 의미한다. 뉴욕 윌리엄스나 브루클린의 가난한 예술가나 이민자 동네가 고소득 자유직 전문가와 유행에 민감한 힙스터들의 유입으로 트렌디한 고급스러운 동네로 변모하면서 젠트리피케이션이 두드러졌다. 샌프란시스코, 시카고 같은 대도시의 낙후한 도심 동네에서도 마찬가지였다.

젠트리피케이션을 옹호하는 쪽은 소외된 동네에 필요한 투자와 활력을 불어넣는 경제 효과를 내세우지만, 반대하는 쪽은 지역의 고유한 정체성 상실과 기존 거주민 내몰기를 사회 정의 차원에서 비판적으로 바라본다. 전 세계에서 유사한 문제와 논쟁이 등장하는데, 도시재생 사업의 공공성을 강화해 투자 수익을 적절하게 제한하고 기존의 주민 공동체 및 지역 문화를 존중하며 보존하는 다양한 방안이 모색되고 있다.

유럽의 도시재생 사업에서는 공공 재개발과 젠트리피케이션 사례가 모두 등장했다. 영국 런던에서는 1970년대 중반 노동당 정부 시기 철거 위기에 처했던 역사적인 전통시장 코벤트 가든이 활기찬 문화 및 상업 중심지로 변모했다. 도심 트래펄가 광장에서 멀지 않은 코벤트 가든에 자리했던 청과물 시장이 도심 거주 인구 감소와 교통 혼잡으로 1970년대 초 런던 남부로 이전하자, 이곳을 가로지르는 고속도로 건설이 논의되었다. 이에 지역 공동체, 환경보호 운동가, 문화유산 단체가 반대 운동을 전개해 고속도로 건설을 막고 시장 건물과 주변의 역사적인 건물을 보존하게 했다. 중앙 시장 건물은 상점, 식당, 문화 공연장이 들어선 복합 소매업 및 문화 공간으로 탈바꿈했으나 장소가 지닌 독특한 사회적·문화적 특성을 유지했다.

반면에 1980~1990년대 영국 보수당의 대처 총리 집권 시기 추진된 도크랜드 재개발은 런던의 이스트앤드 지역의 역사성과 고유한 문화적 특성을 파괴했다는 비판을 많이 받았다. 대처주의로 알려진 신자유주의 경제 정책은 전후 수정자본주의적 복지를 고비용 저효율로 비판하며 시장 논리를 전면에 내세웠다. 도크랜드 재개발 역시 민간의 투자와 이윤 추구가 극대화되었다. 공공 영역에서 기반시설과 기초적인 환경 개선을 했고 민간 자본은 템스강 수변을 현대적인 사무실과 고급 상업지구로 변화시켰다. 이 과정에서 다양한 이민자 공동체가 유지해온 소규모 카페와 식당, 노동자들의 애환이 묻어나는 동네의 허름한 선술집 등이 사라졌다.

신자유주의 경제를 전면적으로 도입하고 세계적으로 확산시킨 1980년대 미국이나 영국과 달리 사회민주 세력이 집권한 유럽 국가들은 사회 안전망을 유지하며 신자유주의 흐름을 조금씩 수용했고, 도시재생 사업에서도 공공성을 확보하며 민간의 수익성 투자를 적절하게 규제했다.

문화예술의 공공성을 중요하게 여긴 프랑스는 우파 정권 시기인 1970년대 파리 도심의 낙후 구역을 재개발하면서 미술관, 극장, 공연장, 도서관 등을 한곳에 모은 복합 문화예술 공간인 퐁피두센터를 세웠다. 1981년부터 14년간 집권한 사회당 미테랑 대통령 시기에는 공공성에 기반을 둔 다양한 도시재생 사업이 펼쳐져 파리에 많은 문화예술 공간과 공원이 새로 등장했다. 과거 도축장이던 곳을 공원, 음악당, 과학관 등으로 탈바꿈시킨 라빌레트 과학공원, 유휴 철도역을 미술관으로 변화시킨 오르세 미술관, 기차역 주위의 예전 포도주 저장 창고를 현대식 카페와 문화공간으로 바꾼 베르시 빌라주, 과거 자동차 공장 터를 공원으로 바꾼 앙드레-시트로앵

공원, 센강 좌안 상류를 정비해 도심에 있던 국립도서관을 이전하고 대학 캠퍼스를 조성한 리브고쉬 사업 등은 파리 여기저기에 문화공간을 확충했다.

이후 우파 정당 집권 시기에 1998년 월드컵 주경기장을 건립하면서 전통적인 노동자와 이민자 밀집 지역으로 좌파 정치의 산실이던 파리 북쪽 교외를 현대적으로 변화시킬 때는 젠트리피케이션 현상도 나타났다.

스페인 바르셀로나는 1992년 올림픽을 준비하며 쇠락한 산업용 부두를 재정비해 해변으로 접근성을 확대했고, 21세기 초 22@바르셀로나 도시재생 사업은 낙후한 전통적인 제조업 지구를 지식기반 산업과 교육문화 기관 및 주거가 공존하는 혁신 클러스터로 변화시켰다. 프랑스의 낭트섬도 조선소 유휴 공간과 그 주변을 공원과 박물관 및 창조 혁신 클러스터로 변화시켜 문화창조산업과 바이오산업 관련 대학, 연구소, 벤처 기업을 결집하게 했다. 네덜란드에서는 살기 좋은 도시를 표방한 로테르담이 1990년대 시민의 의사를 반영해 낙후한 부두 지역을 문화, 여가, 주거 단지로 재개발했다. 암스테르담은 주거, 일자리, 여가를 결합하는 '압축 도시' 개념을 적용하며 토지공개념에 충실한 공공 토지 임대제로 낙후한 동항구 구역을 활기찬 수변 생활공간으로 변화시켰다. 21세기 초에 독일 함부르크는 기능이 쇠퇴한 구항구 지역을 상업, 주거, 업무 복합 용도로 재개발하는 하펜시티 도시재생 사업을 펼쳤다.

세계화 흐름이 가속화되며 국가의 역할이 상대적으로 줄어들고 도시의 역할이 커지자 20세기 말에 글로벌시티, 즉 세계도시 개념이 부각했다. 세계도시는 초국적 기업과 국제기구 및 국제비정부단체 같은 글로벌 수요자를 위한 금융, 법률 서비스 복합체들이 존재하는 도시, 글로벌 자본, 정보, 미디어의 중추 기능이 발달한 도시, 글로벌 전문 인력을 유인하는 수준 높은 삶의 질이 보장되는 도시, 정치적·경제적 안정성이 보장되고 글로벌 교육문화 환경이 정비된 도시, 국제이동이 가능한 항공 교통망의 중추도시라는 특성들을 모두 지닌 도시를 지칭한다. 뉴욕, 런던, 파리, 도쿄, 상하이, 두바이, 싱가포르가 주요 세계도시로 뽑힌다. 다만 경영활동, 인적 자본, 정보 교류, 문화 여건, 정책 참여도 같은 세계도시 평가 기준은 경제를 최우선시하는 성장 전략을 지향하고 도시의 고유한 역사문화 정체성과 특성은 과소평가한다.

탈산업화 흐름과 함께 창의성에 바탕을 둔 신경제가 부각하며 도시의 창조적인 역량을 중시하는 창의도시 개념도 등장했다. 이 개념을 정립한 학자 랜드리는 창의성이 도시 발전의 원동력이라며, 시민이 주체가 되어 공동의 비전을 설정하고 네트워크를 구축해 창의적으로 사유하고 활동하는 도시를 창의도시로 규정했다. 또 다른 학자 플로리다는 창의경제를 이끄는 창의계층의 중요성을 언급하며 재능, 기술, 관용을 창의도시의 조건으로 강조했다. 창의계층이 자신의 재능과 기술을 수용하는 노동시장이 존재하고 다양성을 존중하는 개방적·관용적 도시로 모여 도시의 창의적인 환경과 네트워크를 새롭게 혁신시키며 경제성장의 선순환을 도모한다는 것이다.

창의도시 담론은 물리적 환경 개선이 아닌, 인적 자원의 창의적 활동에서 도시 발전의 원동력을 찾는다는 장점이 있다. 그러나 사회적 약자에 대한 배려가 부족하고 창의성을 오로지 경제성장 전략의 도구로만 간주한다는 비판도 제기된다.

유네스코는 2004년부터 '창의도시 네트워크' 프로그램을 통해 지속 가능하며 문화 다양성을 증진해 세계 평화에 기여하고 인류 번영에 도움을 주는 도시를 창의도시로 선정하고 있다. 문학, 공예와 민속예술, 음악, 디자인, 미디어아트, 음식, 영화라는 7개 영역에서 인프라 수준, 창의적 문화 역량, 지속가능성, 미래 가능성 등을 평가해 해당 영역별 창의도시를 선정하고 있다.

유네스코의 '창의도시 네크워크'는 창의도시 논의를 경제 중심에서 문화 중심으로 옮겨오게 했다. 이미 문화도시 개념은 유럽의 문화도시 프로그램을 통해 전 세계에 알려져 있었다. 1985년 그리스 문화부 장관이 '유럽 문화도시'라는 프로그램을 제안해 아테네가 첫 도시로 선정되었다. 이 프로그램은 1999년부터 '유럽 문화수도'라는 명칭으로 변경되었다.

유럽의회와 유럽연합집행위원회가 결의한 '유럽 문화수도' 선정 기준에는 도시가 주도한 예술 흐름, 예술 행사 조직과 문화 진흥, 도시의 역사와 문화에 중요 흔적을 남긴 인물과 사건에 대한 인식, 예술적인 개혁을 고취하고 새로운 문화 활동을 발전시키는 기획, 도시의 유·무형 문화유산에 대한 인식과 접근성 증대, 젊은이들을 문화 현장에 참여시키는 프로젝트, 사회연대 증진을 위한 문화 프로그램, 멀티미디어와 시청각 매체를 통한 기획 프로젝트와 다언어적 접근, 고용 창출과 관광 발달 기여도, 지속적인 문화유산 관리에 부응하는 질 높고 혁신적인 문화 관광 발전, 건축 유산과 도시 재개발 전략의 연계발전 고취, 유럽 문화와 세계 문화 사이의 대화 증진 등이다.

문화도시 개념은 쇠퇴한 산업도시의 도시재생을 위해 도시 고유의 문화유산을 활용한 관광산업을 활성화하려는 많은 도시가 수용했으며 역사도시에 대한 관심도 증대시켰다. 역사도시는 오랜 역사적인 장소와 그곳에 남겨진 다양한 시대의 역사문화 유산들, 연속해 축적되어 온 도시의 역사 환경이 조화를 이루며 보존 관리되고, 이를 통해 도시와 도시민의 정체성이 강화되고 지속 가능한 미래 지향적 발전 방향과 조화롭게 관계를 맺는 도시다. 도시 내의 오래된 건축물이나 유적, 역사 문화유산은 각종 제도나 법령으로 보존되며 유·무형적 가치를 인정받고 있다. 오랜 시간 축적된 도시민의 삶이 담긴 도시의 역사 환경은 현재 도시민의 삶의 질을 결정하고 장래 도시 발전의 기초가 된다.

동아시아 도시의
성장

중국 공산당의 1949년 사회주의혁명 성공 이후 수도 베이 징은 공산당 통치의 중심지로 성장했다. 1950년대 자금성 앞 광장은 주변 몇몇 건물과 중화문 등 내성 문 철거와 함께 톈 안먼(천안문) 광장으로 정비되었다. 광장 한복판에 인민영웅 기념비, 서쪽에 인민대회당, 동쪽에 중국국가박물관도 세워 졌으며 1976년 마오쩌둥이 사망한 후 광장 남쪽에 시신을 안 치한 마오쩌둥기념당이 들어섰다.

정부는 노동자의 생활환경을 개선하는 일환으로 전통적인 대저택 쓰허위안(사합원) 공간을 세분화해 여러 가족이 거주 할 수 있도록 했고, 새로운 노동자 주거지역을 개발했다. 노 동자 주거지역은 공장 및 산업시설 근처에 전략적으로 위치했고 집단에 중점을 둔 사회주의적 이상에 따라 공동시설물을 포함하는 저층 아파트 건물이 표준화된 설계와 자재로 건설되었다. 사회주의 중국 도시 개발의 두드러진 특성 중 하나는 일터와 주거가 밀접하게 연결된 단위 제도였다. 노동 단위는 주거뿐만 아니라 교육, 의료, 사회활동까지 아우르는 도시 생활의 기본적인 행정 구조였다.

마오쩌둥 시대 중국 공산당은 처음에는 국가 발전에서 농촌과 농업의 중요성을 강조해 반도시 편향을 보였는데, 이는 부분적으로는 도농 격차와 도시의 농촌 착취라는 불평등 인식에 대한 반작용이었다. 1958년부터 1961년까지 농공업 증산을 목표로 한 대약진운동은 소규모 농촌 산업 육성을 시도했으나 실패했다. 후커우(호적) 제도는 도시로의 이주를 통제해 안정적인 농업 노동력을 확보하는 동시에 도시의 무분별한 팽창을 방지했다.

도시의 성장은 또한 자원, 고용, 주택의 계획적인 배분을 통해 통제되었다. 농업과 농촌 개발에 중점을 두면서도 중공업 위주의 산업화도 추진했기에 북동부 도시 선양, 안산, 하얼빈 등이 철강, 기계, 화학 등 중공업 산업 중심지로 성장했다. 내륙에 일련의 산업기지 건설을 목표로 한 제3선 운동도 있었는데, 냉전 시대의 전략적인 고려에 따라 주요 산업을 쓰촨성, 구이저우성 등 내륙 지역으로 분산시키려는 의도를 지녔다. 1966년부터 1976년까지 문화대혁명은 낡은 관습·문화·습관·사상에 반대하는 운동으로, 도시의 지식인과 전문직 종사자는 농촌으로 보내져 농민과 함께 일하며 재교육을 받아야 했다.

마오쩌둥 시대의 도시화 정책은 도시 성장에 대한 신중한 접근, 사회주의 틀 내에서의 일부 중공업 산업도시 육성, 도농 격차 감소 노력을 특징으로 하며, 중국 전체의 도시 성장을 고무하지는 않았다.

마오쩌둥 사후 1978년에 권력을 잡은 덩샤오핑은 중국의 경제, 기술, 산업을 현대화하고 생산성 증가로 생활 수준 향상을 목표로 하는 개혁개방 정책을 시작했다. 경제개혁 조처에는 정책 결정의 분권화, 국유기업 개혁, 외국인 투자 장려, 농업생산물 일부의 시장 판매 허용이 포함되었다. 개방 조처의 핵심은 외국의 기술과 투자에 문호를 개방하는 경제특구 조성이었다.

최초의 경제특구는 홍콩, 마카오, 대만과 가까운 광둥성 선전, 주하이, 산터우, 샤먼에 1980년에 설립되었다. 외국자본에 세제 혜택을 주고 국제무역 활동의 독립성을 보장하는 유연한 정책으로 경제성장에 박차를 가했다. 선전은 작은 어촌 마을에서 주요 글로벌 대도시이자 제조업 중심지로 변모했다. 초기 경제특구의 성공은 중국 전역에 시장 지향적 개혁을 확대하는 계기가 되었고 21세기 초에 중국을 미국에 뒤이은 세계적 경제 대국으로 탈바꿈시켰다. 개혁개방은 많은 중국인의 생활 수준을 크게 개선했으나 소득 불평등, 환경 문제, 정치 개혁에 대한 논쟁을 낳기도 했다.

개혁개방으로 눈부시게 발전한 도시는 상하이였다. 1990년대 기존 경제특구보다 더 개방적으로 외국인 직접투자를 가능하게 한 푸둥 경제특구가 지정된 이후 상하이는 서비스업과 첨단산업을 중심으로 시장경제로 전환해 비약적으로 성장했다. 서양 조계지 건축 유산이 가득한 와이탄 강변 건너편에 1990년대 개발된 푸둥 신구의 동방명주탑은 금융 및 무역의 글로벌 중심지가 되려는 상하이의 야망을 상징한다. 도시 인프라 수준은 지하철 확장, 자기부상열차 건설, 공공시설 및 서비스 개선으로 중국에서 가장 앞선다.

상하이는 역사적인 유산을 보존하는 동시에 현대 건축과 디자인, 글로벌 도시 문화를 빠르게 수용하는 혁신의 도시가 되었다. 2010년 세계 엑스포 같은 글로벌 행사를 개최해 상하이의 국제적인 위상이 더욱 높아졌는데, 2008년 하계 올림픽을 치르며 현대적인 경기장 건설, 대중교통 개선, 환경 정화 등 대대적으로 도시 정비를 한 베이징도 마찬가지다. 수도 베이징은 정치와 군사를 효과적으로 통제하는 중국 공산당의 전통적인 엘리트 영향이 강하지만, 당내 개혁파인 상하이방은 상하이의 경제력에 기반을 둔다.

태평양전쟁을 일으켰지만 패전한 일본은 미 군정 시기를 거쳐 1952년에 정부를 수립했다. 이때부터 1989년까지 쇼와 천황 시대는 고도성장기다. 일본은 미일 동맹으로 안보를 미국에 의존하면서 경제성장에 집중했다. 도쿄는 전후 놀라운 회복력과 혁신으로 세기말에는 첨단기술과 문화가 발전한 글로벌 중추도시이자 세계도시가 되었다.

일본의 경제성장은 1958년에 세워진 도쿄타워와 1964년에 열린 도쿄올림픽을 통해 세계에 선전되었다. 올림픽에 맞춰 개통한 세계 최초의 고속철도 신칸센은 도쿄와 오사카를 연결했다. 1980년대 후반 부동산과 주식 투기 거품은 도시 개발을 확대해 도쿄의 상징적인 마천루와 쇼핑몰이 대거 건설되었다. 1990년대 초에 거품이 꺼지면서 장기 경제 침체로 이어졌는데, 21세기 들어 에너지 효율성, 대중교통, 녹지 공간을 중시하는 친환경도시 개발에 집중하고 있다. 도심 지역 재활성화와 문화 및 관광산업 진흥으로 세계도시 도쿄의 역량을 강화하기 위한 노력도 이루어졌다.

일본 정부의 적극적인 투자는 지방 곳곳에 대규모 공업단지를 조성해 도쿄로의 인구 집중을 다소나마 억제했고, 첨단 산업 분야 등에서 산업 개발과 연구 및 교육을 결합한 혁신을 촉진했다. 태평양 연안을 따라 길게 늘어선 주요 공업지대는 광역도시권을 형성했다. 도쿄와 요코하마를 중심으로 한 게이힌 공업지대는 전후 철강, 조선, 화학 등 중공업에 중점을 두었고, 나고야 중심의 주쿄 공업지대는 자동차산업, 오사카와 고베 사이 한신 공업지대는 중공업, 전자제품, 소비재, '일본의 실리콘밸리'로 지칭된 규슈는 반도체 중심지로 특화했다.

한국도 한국전쟁으로 인한 피해 복구와 재건 사업을 거쳐 개발독재 시기 박정희 정권의 경제개발계획과 수출 중심의 산업화 정책으로 고도성장을 일구어 '한강의 기적'이라는 찬사를 얻었다. 서울의 인구 증가와 경제활동을 지원하기 위해 강남이 개발되었고 도로, 교량, 지하철 등 인프라에 대한 투자가 이루어졌다. 1988년 서울올림픽은 경제성장과 1987년 민주화의 성취를 세계에 널리 알렸으며 올림픽 전후로 도시 개발이 활발하게 이루어져 고층건물, 상업지구, 문화시설이 증가했다.

한국은 1990년대 세계화 흐름에 합류한 후 외환위기의 충격을 단기간에 잘 극복했고, 수도 서울은 21세기 초에 세계 주요 도시 반열에 올라서 금융, 첨단기술, 문화와 글로벌 엔터테인먼트 산업의 중심지가 되었다. 서울은 문화유산을 보존하며 지속 가능한 발전을 추구하고 IT로 도시 생활의 각종 편의를 제공하는 스마트시티다. 신도시 개발로 수도권은 거대 광역도시권이 되었는데, 인구와 자원의 수도권 집중이 문제가 되고 있다. 고도성장기에 전략적으로 영남에 집중된 공업단지 덕분에 빠르게 성장한 도시를 포함해 많은 지방 도시가 21세기 초 심각한 인구 위기로 소멸 위험성에 노출되어 있다.

제3세계 과잉 도시화와
도시 혁신 시도

　20세기 중반에 세계에서 가장 큰 대도시 20곳 중에는 뉴욕, 런던, 파리, 모스크바, 시카고, 로스앤젤레스, 베를린 등미국과 유럽 도시가 절반 이상이었다. 도쿄, 상하이, 이스탄불, 콜카타, 오사카, 뭄바이 등 아시아 도시들이 다음이었고, 라틴아메리카는 부에노스아이레스, 리우데자네이루 두 곳, 아프리카에서는 카이로 한 곳이 포함되었다. 가장 큰 도시도아직 천만 명에 이르지 못했으며 200만 명 정도가 20위 정도였다.

　21세기 시작 시점에서 이 목록은 상당히 달랐다. 가장 큰대도시는 20곳 모두 인구 천만 명을 넘긴 광역도시권인 메가시티였는데, 도쿄, 뭄바이, 상하이, 콜카타, 다카, 카라치,

뉴델리, 베이징, 마닐라, 자카르타 등 압도적으로 아시아 도시가 많았다. 다음이 멕시코시티, 상파울루, 부에노스아이레스, 리우데자네이루 등 라틴아메리카였으며, 아프리카에서는 라고스와 카이로 두 곳이었다. 유럽은 한 곳도 없었고, 미국은 뉴욕과 로스앤젤레스 두 곳이 20위 내에 존재했다.

전후에 독립한 인도, 파키스탄, 방글라데시, 스리랑카에서는 과잉 도시화 현상이 일반적이었다. 이촌향도, 도시의 외곽 팽창을 의미하는 스프롤, 도시 중심적 경제개발과 성장 전략 등 복합적인 요인으로 도시가 적절한 인프라, 주택, 고용 및 서비스를 제공할 수 있는 능력을 넘어 급속히 팽창하는 것이 과잉 도시화다. 이로 인해 주택 부족과 슬럼화, 교통과 상하수도 등 인프라 공급 부족, 대기와 수질오염, 폐기물 처리, 녹지 공간 손실 등 여러 문제가 발생했으며, 도시 지역 내 경제적·사회적 격차로 인한 교육, 의료, 고용 기회 접근성 불평등이 심화했다.

과잉 도시화에도 불구하고 IT산업의 벵갈루루, 금융업의 뭄바이, 자동차산업의 첸나이 등 주요 산업 중심지 도시는 나날이 번창했다. 20세기 말 이래 급속한 경제성장, 도시화, 세계화로 증가한 도시 중산층은 고급 소비와 생활양식을 즐기며 문화 다양성을 수용한 창의산업을 성장시키고 있다.

중동도 20세기 후반에 인구 증가, 도시 스프롤, 석유 산업 단지의 성장 등으로 과잉 도시화를 경험했다. 지역의 정치적 불안정과 전쟁은 주택 부족, 서비스 및 인프라 부족, 빈부격차 심화, 일자리 부족과 높은 실업 등 각종 도시문제의 해결책 모색을 어렵게 했는데, 21세기 초 몇몇 국가의 도시 혁신은 세계의 많은 주목을 받았다.

아랍에미리트 두바이는 1960년대 페르시아만의 작은 무역항에서 세계적인 대도시로 변모했는데, 성장의 촉매제는 석유 산업이 아니라 관광, 부동산, 금융서비스 산업이었다. 대대적인 도시 개발로 두바이에는 세계에서 가장 높은 빌딩인 부르즈 칼리파, 인공 군도인 팜 주메이라, 대규모 쇼핑몰 등이 건립되었다. 두바이는 범세계적 다문화 사회이며 경제자유구역, 최소한의 세금, 투자자 친화적 비즈니스 환경으로 다국적기업들을 끌어모으고 있고, 관광 및 엔터테인먼트 사업 발전에 주력하고 있다. 아랍에미리트 아부다비의 사디야트섬은 '행복의 섬'이라는 뜻의 문화와 관광 중심지로 루브르박물관 분관이 들어섰다.

사우디아라비아 신도시인 킹압둘라 경제도시는 물류와 서

비스업에 집중해 산유국 경제의 다각화를 모색했고, 2017년에 발표된 네옴시티는 에너지와 물, 생명공학, 식품, 첨단산업과 엔터테인먼트산업에 초점을 맞춘 최첨단 스마트시티 건설 프로젝트다.

동남아시아 여러 나라에서 나타난 과잉 도시화도 슬럼가 형성, 불충분한 인프라, 환경파괴와 공해, 사회경제적 불평등을 초래했는데, 각국 정부와 국제기구는 이런 문제점을 해소하기 위해 노력하고 있다. 인도네시아 자카르타는 교통 혼잡, 대기오염과 홍수 문제를 해결하고자 인프라를 정비하는 한편, 신도시를 건설해 수도 이전을 준비하고 있다. 말레이시아의 수도 쿠알라룸푸르는 상징적인 마천루 건설 등 인프라 개발로 현대적인 대도시로 변모했는데, 사회적 불평등 문제 해결 과제를 안고 있다. 필리핀 마닐라는 과밀 슬럼가 개선과 인프라 투자를 증대하고 있고, 태국 방콕은 대중교통망 확충과 홍수 예방 대책에 투자하고 있다.

라틴아메리카 과잉 도시화는 20세기 중반 수입대체 산업화 정책으로 인한 산업도시 성장뿐 아니라 정치적 불안정과 외채 위기 등 각종 혼란으로부터 상대적으로 안정과 기회를 제공하는 것으로 여겨진 대도시로 인구가 몰렸기 때문이다. 브라질 대도시의 파벨라 같은 슬럼가는 라틴아메리카 대도시마다 존재한다. 라틴아메리카의 도시들에는 환경파괴와 사회적 불평등으로 인한 고통뿐만 아니라 폭력과 범죄가 만연해 있다. 그나마 점진적으로 증가하는 공공 인프라로 열악한 도시 환경이 조금씩 개선되고 있다.

아프리카의 많은 나라에서도 식민 지배에서 해방된 이후 도시가 정치, 행정, 경제, 문화 활동의 중심지로 크게 성장했으나 적절한 인프라 투자가 부족해 과잉 도시화 현상이 나타났다. 슬럼가 증가, 불충분한 인프라, 사회 · 경제적 격차, 환경 문제 등에서 심각한 도전에 직면해 있다.

그러나 과잉 도시화에도 불구하고 도시는 각국 정부의 노력과 국제 원조 및 개발 프로젝트로 지속 가능한 개발과 삶의 질 향상을 도모하는 경제, 사회, 문화 혁신의 장소다.

기후 위기와 도시 문명의
지속가능성

지속 가능한 발전은 20세기 중반에 공론화되기 시작했다. 미국의 생물학자 카슨이 1962년에 출간한 《침묵의 봄》은 성장에 따른 환경파괴의 심각성을 알렸다. 살충제와 제초제 남용이 봄날 새들의 노래를 사라지게 하고 자연뿐 아니라 인간에게도 파국을 불러온다는 책의 내용은 환경에 대한 국제적인 관심을 촉발했다.

1968년에 결성된 지식인 모임으로 과학기술 발전에 따른 인류의 위기를 논의한 로마클럽은 1972년에 《성장의 한계》를 출간했다. 이 책은 지구의 자원, 식량, 환경 파국을 경고하며 환경보호와 경제성장 양립의 화두를 던졌다. 20세기 말 기후 위기는 전 지구적인 관심사로 부각했는데, 산업화와 도시화가 지구 온난화의 주요 원인으로 여겨지면서 지속 가능한 생태도시 혹은 친환경도시 개념이 중시되기 시작했다.

유엔 세계환경개발위원회는 1987년 보고서 〈우리 공동의 미래〉에서 지속 가능한 발전을 '미래 세대의 필요를 충족시킬 능력을 저해하지 않으면서 현재 세대의 필요를 충족시키는 발전'으로 정의했다. 1992년 리우데자네이루에서 열려 '리우회의'로 지칭된 유엔 환경개발회의는 기후변화협약, 생물다양성협약, 사막화방지협약을 체결했다. 1997년 교토의정서는 선진국에 온실가스 배출 감축 목표를 제시했고, 2012년에 리우회의 20년의 성과를 확인한 '리우+20 정상회의'는 '우리가 원하는 미래' 선언문과 '녹색경제' 의제를 채택했다.

2015년에 체결된 기후 변화 파리 협정은 모든 국가에 기후 행동 계획 제출을 요구했고, 같은 해 유엔총회는 2030년까지 지구촌이 수행할 지속 가능한 17개 주요 발전목표를 제시했다. 빈곤 퇴치, 기아 해소와 지속 가능한 농업, 건강과 웰빙, 양질의 교육, 양성평등, 물과 위생, 깨끗하고 저렴한 에너지, 양질의 일자리와 경제성장, 혁신과 인프라 구축, 불평등 완화, 지속 가능한 도시, 지속 가능한 소비와 생산, 기후 변화

대응, 해양 생태계 보전, 육상 생태계 보전, 평화와 정의 제도 구축, 글로벌 파트너십 활성화가 그것이다.

이들 목표 대부분의 실천과 적용은 도시에서 가능하다. 20세기 말 이래 부각한 생태도시 혹은 친환경도시로 옮겨지는 에코시티는 도시가 환경에 미치는 영향을 줄이고 자원의 효율적인 사용을 촉진하며 주민의 삶의 질 향상을 목표로 하는 지속 가능한 도시계획과 실행에 초점을 맞추고 있다. 생태도시는 에너지, 물과 폐기물 관리, 교통, 주택 분야의 혁신으로 경제적 · 사회적 · 환경적 지속가능성의 균형을 이루도록 노력한다. 또한, 제품이나 서비스의 생산 유통 소비 과정에서 발생하는 온실가스 배출량을 이산화탄소로 환산한 '탄소발자국'의 최소화, 녹지 공간 확대, 생물다양성 증진, 지속가능성 노력에 대한 공동체 참여 장려를 중시한다.

코로나19 팬데믹의 영향으로 건강도시에 대한 관심이 증가했다. 20세기 말 세계보건기구가 시작한 건강도시 프로젝트는 도시계획과 정책 변화를 통해 공중보건을 개선하고 삶의 질을 향상하는 것을 목표로 건강 불평등을 완화하고 지역사회의 참여와 지속 가능한 환경 구축을 중시한다. 건강도시 개념은 도시환경이 주민의 건강과 복지에 큰 영향을 미친다는

점을 인식하고 건강의 경제적·사회적·환경적 결정 요인을 개선하는 데 중점을 둔다. 건강도시에 뒤이어 세계보건기구는 21세기 초에 고령친화도시 개념을 제시했다. 고령자들이 안전하고 건강하며 활동적인 방식으로 생활할 수 있도록 지원하는 도시환경 조성을 목표로 한다.

현대 도시계획에 적용되기 시작한 스마트시티 개념은 정보통신기술을 활용해 에너지, 교통, 각종 공용 시설과 주거 같은 도시 서비스의 품질과 성능을 향상하며 자원 낭비와 비용을 절감하는 첨단 도시다. 스마트시티는 디지털 기술을 사용해 도시의 자원과 자산을 효과적으로 관리함으로써 서비스 효율성을 증대하고 환경적 지속가능성을 보장하면서 경제발전에 이바지한다.

고도로 발달한 과학기술의 효율적 사용으로 인류 문명은 한 단계 더 발전하거나, 여러 고대문명의 쇠퇴를 낳은 한 요인이었던 환경 변화에 제대로 대응하지 못하고 위기 극복에 어려움을 겪으며 쇠퇴할 수 있다. 도시의 새로운 혁신은 늘 문명을 한 단계 더 성장시켰다. 지구촌 곳곳에서 더 나은 도시환경을 만들어내는 인류의 실천은 문명의 지속 가능한 미래를 담보할 도시의 혁신으로 이어질 것이다.

참고문헌

도시사학회 · 연구모임 공간담화, 《동아시아 도시 이야기: 도시로 읽는 동아시아 역사와 문화》, 서해문집, 2022.

마크 기로워드, 민유기 옮김, 《도시와 인간: 중세부터 현대까지 서양 도시 문화사》, 책과함께, 2009.

민유기 외, 《세계의 지속 가능 도시재생》, 국토연구원, 2018.

앤드류 리즈, 허지은 옮김, 《도시, 문명의 꽃》, 다른세상, 2017.

이영석 · 민유기 외, 《도시는 역사다》, 서해문집, 2011.

조엘 코트킨, 윤철희 옮김, 《도시의 역사》, 을유문화사, 2005.

존 리더, 김명남 옮김, 《도시, 인류 최후의 고향》, 지호, 2006.

존 줄리어스 노리치, 남경태 옮김, 《위대한 역사 도시 70》, 역사의아침, 2010.

주경철 · 민유기 외, 《도시는 기억이다》, 서해문집, 2017.

페르낭 브로델, 김지혜 옮김, 《문명의 문법》, 서커스, 2023.

피터 클라크 총괄 편집, 오거스타 맥마흔 외, 민유기 옮김, 《옥스퍼드 세계도시 문명사》 전4권, 책과함께, 2023.

고대도시에서 스마트시티까지

도시 문명으로 보는 인류의 역사

인격적으로 점잖은 무게 '드레'

드레북스는 가치를 존중하고 책의 품격을 생각합니다